The House of Dallys

+< Livre 9 >+

Tables généalogiques
de Yulia Sasina et de Philibert Dimigou
en Russie et au Benin

Dallys-Tom Medali

Premiere Publication

Solara Editions

**Tables généalogiques de Yulia Sasina
et de Philibert Dimigou en Russie et au Benin**

ISBN 978-1-947838-34-5

Solara Editions
Cotonou, New York, Paris

Couverture: Dallys-Tom Medali

Courriers: **04 BP 0143 Cotonou Benin**

Pages web: www.livres.us / www.heroafricain.com
Emails: editeur@livres.us / dallys@livres.us
Facebook: @ArtLit7 / Twitter: @AfroBooks

Contenu

Yulia Sasina

- Remerciements
- Ascendance paternelle
- Ascendance maternelle
- Descendance
- Relations directes: La Famille
- 11 Arbres généalogiques
- Index des dates,
- Index des lieux
- Index des individus
- Photos et illustrations

Philibert Dimigou

- Ascendance paternelle
- Ascendance maternelle
- Descendance
- Relations directes: La Famille
- 7 Arbres généalogiques
- Index des dates,
- Index des lieux
- Index des individus
- Autres Oeuvres du même auteur, déjà publiées
- Autres Oeuvres de la série <The House of Dallys>
- Contacts

Si vous avez des informations additionnelles, des archives, documents historiques, livres ou des corrections à proposer, écrivez-nous!

par voie postale à 04 BP 0143 Cotonou Benin

ou par email à dallys@livres.us

Ecrivez-nous aussi

Si vous voulez commander d'autres copies du livre,

Si vous avez besoin de votre généalogie personnelle

Si vous avez besoin de conseils sur les démarches à suivre pour explorer l'histoire et la généalogie de votre famille,

Ou si vous avez simplement trouvé le livre très utile et instructif.

Remerciements

Au Très-Haut qui me vivifie et me fortifie
A mes chéries Mireille, Yulia et Galina pour les informations
A mes enfants Andrew et Athéna, pour la motivation et le soutien moral
A mes parents et ancêtres, pour les racines solides et l'inspiration
A toi qui a choisi d'acheter, de lire ce livre ou de contribuer à son amélioration

+++#+#+#+#+#+#+#+#+++

<<Qui dit tradition en histoire africaine dit tradition orale, et nulle tentative de pénétrer l'histoire et l'âme des peuples africains ne saurait être valable si elle ne s'appuie pas sur cet héritage de connaissances de tous ordres patiemment transmis de bouche à oreille et de maître à disciple à travers les âges. Cet héritage n'est pas encore perdu et repose dans la mémoire de la dernière génération des grands dépositaires, dont on peut dire qu'ils sont la mémoire vivante de l'Afrique. >> - **Amadou Hampaté Ba**

Yulia Sasina

House of Dallys - Histoire & Genéalogie - Solara Editions

1. ASCENDANCE PATERNELLE

```
                           ┌─ Prokhor Sasin⁶⁵
              ┌─ Mikhail Prokhorovitch Sasin⁵⁷
              │
Emmanuil Mikhailov Sasin⁴³
              │
              │                    ┌─ Abram Ratman⁷¹
              │       ┌─ Joseph Iosif Abramovitch Ratman⁶⁶
              └─ Rebecca Iosifovna Ratman⁵⁸
                      └─ Rosalia Vinitskaya⁶⁷
```

2. DESCENDANTS

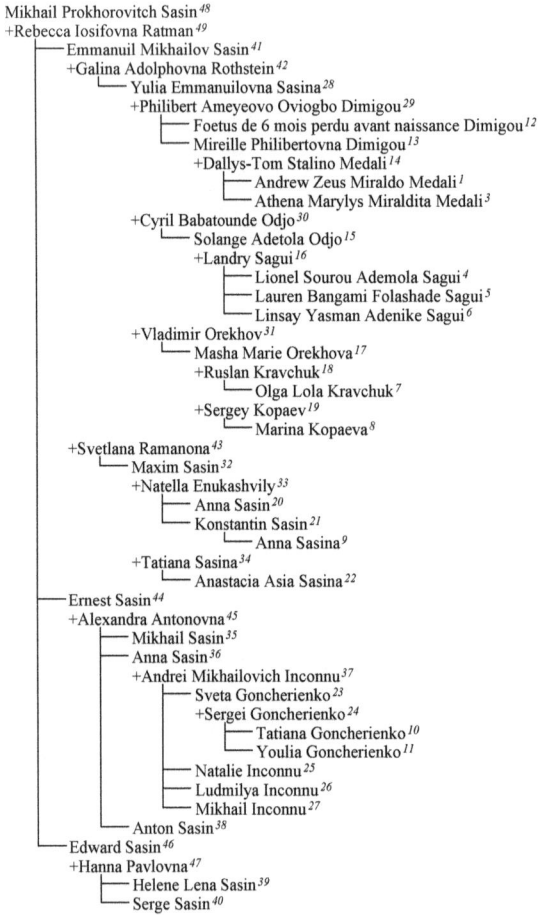

Mikhail Prokhorovitch Sasin [48]
+Rebecca Iosifovna Ratman [49]
    ├── Emmanuil Mikhailov Sasin [41]
    +Galina Adolphovna Rothstein [42]
        └── Yulia Emmanuilovna Sasina [28]
        +Philibert Ameyeovo Oviogbo Dimigou [29]
            ├── Foetus de 6 mois perdu avant naissance Dimigou [12]
            └── Mireille Philibertovna Dimigou [13]
            +Dallys-Tom Stalino Medali [14]
                ├── Andrew Zeus Miraldo Medali [1]
                └── Athena Marylys Miraldita Medali [3]
        +Cyril Babatounde Odjo [30]
            └── Solange Adetola Odjo [15]
            +Landry Sagui [16]
                ├── Lionel Sourou Ademola Sagui [4]
                ├── Lauren Bangami Folashade Sagui [5]
                └── Linsay Yasman Adenike Sagui [6]
        +Vladimir Orekhov [31]
            └── Masha Marie Orekhova [17]
            +Ruslan Kravchuk [18]
                └── Olga Lola Kravchuk [7]
            +Sergey Kopaev [19]
                └── Marina Kopaeva [8]
    +Svetlana Ramanona [43]
        └── Maxim Sasin [32]
        +Natella Enukashvily [33]
            ├── Anna Sasin [20]
            └── Konstantin Sasin [21]
                └── Anna Sasina [9]
        +Tatiana Sasina [34]
            └── Anastacia Asia Sasina [22]
    ├── Ernest Sasin [44]
    +Alexandra Antonovna [45]
        ├── Mikhail Sasin [35]
        ├── Anna Sasin [36]
        +Andrei Mikhailovich Inconnu [37]
            ├── Sveta Goncherienko [23]
            +Sergei Goncherienko [24]
                ├── Tatiana Goncherienko [10]
                └── Youlia Goncherienko [11]
            ├── Natalie Inconnu [25]
            ├── Ludmilya Inconnu [26]
            └── Mikhail Inconnu [27]
        └── Anton Sasin [38]
    ├── Edward Sasin [46]
    +Hanna Pavlovna [47]
        ├── Helene Lena Sasin [39]
        └── Serge Sasin [40]

2. ASCENDANCE MATERNELLE

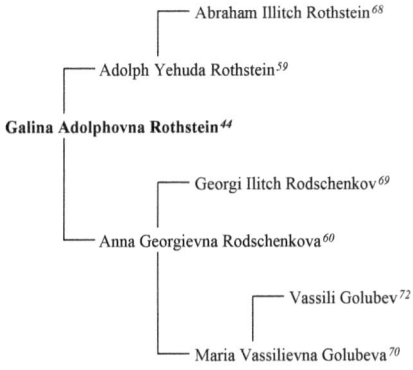

```
                        ┌─── Abraham Illitch Rothstein 68
          ┌─── Adolph Yehuda Rothstein 59
          │
Galina Adolphovna Rothstein 44
          │
          │             ┌─── Georgi Ilitch Rodschenkov 69
          └─── Anna Georgievna Rodschenkova 60
                        │
                        │           ┌─── Vassili Golubev 72
                        └─── Maria Vassilievna Golubeva 70
```

2. DESCENDANTS

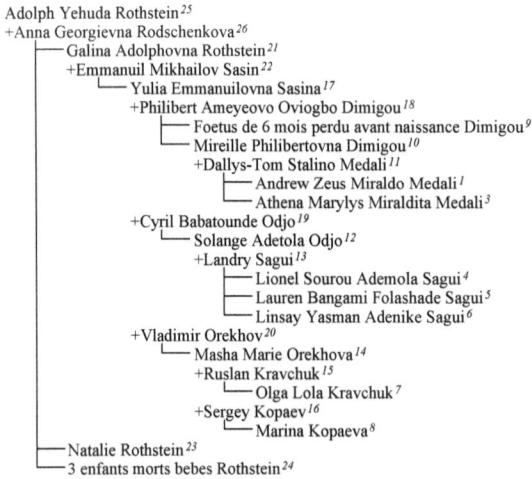

Adolph Yehuda Rothstein [25]
+Anna Georgievna Rodschenkova [26]
- Galina Adolphovna Rothstein [21]
  +Emmanuil Mikhailov Sasin [22]
  - Yulia Emmanuilovna Sasina [17]
    +Philibert Ameyeovo Oviogbo Dimigou [18]
    - Foetus de 6 mois perdu avant naissance Dimigou [9]
    - Mireille Philibertovna Dimigou [10]
      +Dallys-Tom Stalino Medali [11]
      - Andrew Zeus Miraldo Medali [1]
      - Athena Marylys Miraldita Medali [3]
    +Cyril Babatounde Odjo [19]
    - Solange Adetola Odjo [12]
      +Landry Sagui [13]
      - Lionel Sourou Ademola Sagui [4]
      - Lauren Bangami Folashade Sagui [5]
      - Linsay Yasman Adenike Sagui [6]
    +Vladimir Orekhov [20]
    - Masha Marie Orekhova [14]
      +Ruslan Kravchuk [15]
      - Olga Lola Kravchuk [7]
      +Sergey Kopaev [16]
      - Marina Kopaeva [8]
- Natalie Rothstein [23]
- 3 enfants morts bebes Rothstein [24]

4. RELATIONS DIRECTES

Génération des petits-enfants

1. ANDREW ZEUS MIRALDO MEDALI (Petit-fils de Yulia) est né le 25 janvier 2017, à New York, USA, de Dallys-Tom Stalino Medali[14] et de Mireille Philibertovna Dimigou[13], comme montré dans l'arbre 1.

2. OLYMPIA ALEXIS OHANIAN (Conjointe du petit-fils de Yulia) est née le 1er septembre 2017, à West Palm Beach, Florida, USA, d'Alexis Ohanian et de Serena Jameka Williams.
   Andrew Zeus Miraldo Medali[1] et Olympia Alexis Ohanian sont devenus des compagnons.
   Des informations supplémentaires concernant cette famille. Amis.

3. ATHENA MARYLYS MIRALDITA MEDALI (Petite-fille de Yulia) est née le 29 août 2018, à New York, USA, de Dallys-Tom Stalino Medali[14] et de Mireille Philibertovna Dimigou[13], comme montré dans l'arbre 1.

4. LIONEL SOUROU ADEMOLA SAGUI (Petit-fils de Yulia) est né le 21 juin 2010, à Cotonou, Littoral, Benin, de Landry Sagui[16] et de Solange Adetola Odjo[15], comme montré dans l'arbre 2.

5. LAUREN BANGAMI FOLASHADE SAGUI (Petite-fille de Yulia) est née le 5 novembre 2014, à Cotonou, Littoral, Benin, de Landry Sagui[16] et de Solange Adetola Odjo[15], comme montré dans l'arbre 2.

6. LINSAY YASMAN ADENIKE SAGUI (Petite-fille de Yulia) est née le 15 juillet 2019, à Cotonou, Littoral, Benin, de Landry Sagui[16] et de Solange Adetola Odjo[15], comme montré dans l'arbre 2.

7. OLGA LOLA KRAVCHUK (Petite-fille de Yulia) est née de Ruslan Kravchuk[18] et de Masha Marie Orekhova[17], comme montré dans l'arbre 3.

8. MARINA KOPAEVA (Petite-fille de Yulia) est née le 28 août 2017, à Saint Petersburg, Russia, de Sergey Kopaev[19] et de Masha Marie Orekhova[17], comme montré dans l'arbre 4.

9. ANNA SASINA (Petite-nièce de Yulia) est née de Konstantin Sasin[21].

10. TATIANA GONCHERIENKO (Arrière-petite-cousine de Yulia) est née de Sergei Goncherienko[24] et de Sveta Goncherienko[23].

11. YOULIA GONCHERIENKO (Arrière-petite-cousine de Yulia) est née de Sergei Goncherienko[24] et de Sveta Goncherienko[23].

Génération des enfants

12. FOETUS DE 6 MOIS PERDU AVANT NAISSANCE DIMIGOU (Fils de Yulia) est né en 1977 de Philibert Ameyeovo Oviogbo Dimigou[29] et de Yulia Emmanuilovna Sasina[28], comme montré dans l'arbre 5. Il est décédé en 1977, étant nourrisson, à St Petersbourg, Russia.

13. MIREILLE PHILIBERTOVNA DIMIGOU (Fille de Yulia) est née le 9 juillet 1986, à Saint Petersburg, Russia, de Philibert Ameyeovo Oviogbo Dimigou[29] et de Yulia Emmanuilovna Sasina[28], comme montré dans l'arbre 5.

14. DALLYS-TOM STALINO MEDALI (Beau-fils de Yulia) est né le 1er mai 1987 de David Medali et d'Ida Gisele Leocadie Tokpo. Dallys-Tom travaillait comme CPA. Il a résidé (ADDR) à New York, New York, United States.
Des informations supplémentaires concernant Dallys-Tom. Email: dallystom@yahoo.fr.
Dallys-Tom Stalino Medali, âgé de 28 ans, a épousé Mireille Philibertovna Dimigou[13], âgée de 29 ans, le 12 avril 2016 à Moscou, Russie. Ils ont eu deux enfants :
    Andrew Zeus Miraldo Medali[1] né en 2017
    Athena Marylys Miraldita Medali[3] née en 2018
Cette famille est montrée dans l'arbre 1.

15. SOLANGE ADETOLA ODJO (Fille de Yulia) est née le 3 octobre 1989, à Leningrad, Russie, de Cyril Babatounde Odjo[30] et de Yulia Emmanuilovna Sasina[28], comme montré dans l'arbre 6.

16. LANDRY SAGUI (Beau-fils de Yulia) est né de Justin Yoto Sagui et d'Odile Mante.
Landry Sagui a épousé Solange Adetola Odjo[15]. Ils ont eu trois enfants :
    Lionel Sourou Ademola Sagui[4] né en 2010
    Lauren Bangami Folashade Sagui[5] née en 2014
    Linsay Yasman Adenike Sagui[6] née en 2019
Cette famille est montrée dans l'arbre 2.

17. MASHA MARIE OREKHOVA (Fille de Yulia) est née le 6 août 1980, à Saint Petersburg, Russia, de Vladimir Orekhov[31] et de Yulia Emmanuilovna Sasina[28], comme montré dans l'arbre 7. Masha travaillait comme chef cuisiniere.
Masha a été mariée deux fois. Elle a épousé Ruslan Kravchuk[18] et Sergey Kopaev[19].

18. RUSLAN KRAVCHUK (Beau-fils de Yulia).
Ruslan Kravchuk a épousé Masha Marie Orekhova[17]. Ils ont eu une fille :
    Olga Lola Kravchuk[7]
Cette famille est montrée dans l'arbre 3.

19. SERGEY KOPAEV (Beau-fils de Yulia).
Sergey Kopaev a épousé Masha Marie Orekhova[17]. Ils ont eu une fille :
    Marina Kopaeva[8] née en 2017
Cette famille est montrée dans l'arbre 4.

20. ANNA SASIN (Nièce de Yulia) est née à St Petersbourg, Russia de Maxim Sasin[32] et de Natella Enukashvily[33].

21. KONSTANTIN SASIN (Neveu de Yulia) est né à St Petersbourg, Russia de Maxim Sasin[32] et de Natella Enukashvily[33].

Konstantin a engendré une fille :
Anna Sasina[9]

22. ANASTACIA ASIA SASINA (Nièce de Yulia) est née en 2010 de Maxim Sasin[32] et de Tatiana Sasina[34].

23. SVETA GONCHERIENKO (Petite-cousine de Yulia) est née d'Andrei Mikhailovich Inconnu[37] et d'Anna Sasin[36].

24. SERGEI GONCHERIENKO (Mari de la petite-cousine de Yulia).
Sergei Goncherienko a épousé Sveta Goncherienko[23]. Ils ont eu deux filles :
Tatiana Goncherienko[10]
Youlia Goncherienko[11]

25. NATALIE INCONNU (Petite-cousine de Yulia) est née d'Andrei Mikhailovich Inconnu[37] et d'Anna Sasin[36].

26. LUDMILYA INCONNU (Petite-cousine de Yulia) est née d'Andrei Mikhailovich Inconnu[37] et d'Anna Sasin[36].

27. MIKHAIL INCONNU (Petit-cousin de Yulia) est né d'Andrei Mikhailovich Inconnu[37] et d'Anna Sasin[36].

Génération des pairs

28. YULIA EMMANUILOVNA SASINA (Le sujet de ce rapport) est née le 18 janvier 1959, à Saint Petersburg, Saint Petersburg, Russia, d'Emmanuil Mikhailov Sasin[43] et de Galina Adolphovna Rothstein[44], comme montré dans l'arbre 8. Yulia a été mariée trois fois. Elle a épousé Philibert Ameyeovo Oviogbo Dimigou[29], Cyril Babatounde Odjo[30] et Vladimir Orekhov[31].

29. PHILIBERT AMEYEOVO OVIOGBO DIMIGOU (Mari de Yulia) est né en 1947, à Gliji, Togo, de Tete Dimigou et de Mignonsin Zissi Ghanato Nouchet. Philibert était Professeur certifie de sport et kinesitherapeute. Il est décédé (Cancer du rein) le 17 septembre 2013, à environ 66 ans, à Cotonou, Littoral, Benin. Il a été inhumé à Grand Popo. Des informations supplémentaires concernant Philibert. Nationalité : Bénin.
Philibert a été marié quatre fois. Il a épousé Yulia Emmanuilovna Sasina[28], Gisele Cocou, Gela Angelina Vladimirovna Moshkina et Jeanne Afiome.
Note : *heure de deces 17h17.*
Philibert Ameyeovo Oviogbo Dimigou a épousé Yulia Emmanuilovna Sasina[28]. Ils ont eu deux enfants :
Foetus de 6 mois perdu avant naissance Dimigou[12] né en 1977
Mireille Philibertovna Dimigou[13] née en 1986
Cette famille est montrée dans l'arbre 5.
Philibert Ameyeovo Oviogbo Dimigou a épousé Gisele Cocou. Ils ont eu une fille :
Jamice Dédé Dimigou née en 2006
Cette famille est montrée dans l'arbre 5.
Philibert Ameyeovo Oviogbo Dimigou a épousé Gela Angelina Vladimirovna Moshkina. Ils ont eu deux enfants :
Alain Têtê Kouassi Dimigou
Pauline Dédé Isabelle Dimigou née en 0
Cette famille est montrée dans l'arbre 5.
Philibert Ameyeovo Oviogbo Dimigou a épousé Jeanne Afiome. Ils ont eu trois enfants :
Arnauld Tété Dimigou né en 1983
Roland Dimigou
Flore Dimigou
Cette famille est montrée dans l'arbre 5.

30. CYRIL BABATOUNDE ODJO (Mari de Yulia) est né de Dominique Odjo et de Jeanne O-dj-o Gbotche.
Cyril a été marié deux fois. Il a épousé Yulia Emmanuilovna Sasina[28] et Rufine Yabi.
Cyril Babatounde Odjo a épousé Yulia Emmanuilovna Sasina[28]. Ils ont eu une fille :
Solange Adetola Odjo[15] née en 1989
Cette famille est montrée dans l'arbre 6.
Cyril Babatounde Odjo a épousé Rufine Yabi. Ils ont eu deux enfants :
Joel Odjo
Diane Odjo
Cette famille est montrée dans l'arbre 6.

31. VLADIMIR OREKHOV (Mari de Yulia).
> Vladimir Orekhov a épousé Yulia Emmanuilovna Sasina[28]. Ils ont eu une fille :
>> Masha Marie Orekhova[17] née en 1980
> *Cette famille est montrée dans l'arbre 7.*

32. MAXIM SASIN (Demi-frère de Yulia) est né le 28 février 1969 d'Emmanuil Mikhailov Sasin[43] et de Svetlana Ramanona[45].
Maxim travaillait comme physics researcher in laser and amino-acids.
Maxim a été marié deux fois. Il a épousé Natella Enukashvily[33] et Tatiana Sasina[34].

33. NATELLA ENUKASHVILY (Belle-sœur de Yulia).
> Maxim Sasin[32] a épousé Natella Enukashvily. Ils ont eu deux enfants :
>> Anna Sasin[20]
>> Konstantin Sasin[21]

34. TATIANA SASINA (Belle-sœur de Yulia).
> Maxim Sasin[32] a épousé Tatiana Sasina. Ils ont eu une fille :
>> Anastacia Asia Sasina[22] née en 2010

35. MIKHAIL SASIN (Cousin de Yulia) est né d'Ernest Sasin[46] et d'Alexandra Antonovna[47].

36. ANNA SASIN (Cousine de Yulia) est née d'Ernest Sasin[46] et d'Alexandra Antonovna[47].

37. ANDREI MIKHAILOVICH INCONNU (Mari de la cousine de Yulia) est né de Mikhail Andreevich Inconnu.
> Andrei Mikhailovich Inconnu a épousé Anna Sasin[36]. Ils ont eu quatre enfants :
>> Sveta Goncherienko[23]
>> Natalie Inconnu[25]
>> Ludmilya Inconnu[26]
>> Mikhail Inconnu[27]

38. ANTON SASIN (Cousin de Yulia) est né d'Ernest Sasin[46] et d'Alexandra Antonovna[47].

39. HELENE LENA SASIN (Cousine de Yulia) est née d'Edward Sasin[48] et de Hanna Pavlovna[49].
> Note : *lives in Italy, has 1 daughter, loves skating and winter sports*
>> *i had a phone conversation with her via youlia.*

40. SERGE SASIN (Cousin de Yulia) est né d'Edward Sasin[48] et de Hanna Pavlovna[49].

41. SVETLANA ALEXANDROVNA SHUKINA (Cousine au deuxième degré de Yulia) est née d'Alexander Shukin[55] et de Raissa Mankevich[54].

42. VLADIMIR ALEXANDROVITCH INCONNU (Cousin au deuxième degré de Yulia) est né d'Alexander Shukin[55] et de Raissa Mankevich[54].

Génération des parents

43. EMMANUIL MIKHAILOV SASIN (Père de Yulia) est né de Mikhail Prokhorovitch Sasin[57] et de Rebecca Iosifovna Ratman[58], comme montré dans l'arbre 9. Il est décédé le 8 avril 2004 à St Petersburg, Russie.
Emmanuil a été marié deux fois. Il a épousé Galina Adolphovna Rothstein[44] et Svetlana Ramanona[45].
Note : *died before 70 yrs old.*

44. GALINA ADOLPHOVNA ROTHSTEIN (Mère de Yulia) est née le 3 décembre 1936 d'Adolph Yehuda Rothstein[59] et d'Anna Georgievna Rodschenkova[60], comme montré dans l'arbre 10. Elle est décédée le 5 novembre 2019, âgée de 82 ans, à Saint Petersburg, Saint Petersburg, Russia.
> Emmanuil Mikhailov Sasin[43] a épousé Galina Adolphovna Rothstein. Ils ont eu une fille :
>> Yulia Emmanuilovna Sasina[28] née en 1959
> *Cette famille est montrée dans l'arbre 8.*

45. SVETLANA RAMANONA (Femme du père de Yulia).
    Emmanuil Mikhailov Sasin[43] a épousé Svetlana Ramanona. Ils ont eu un fils :
       Maxim Sasin[32] né en 1969

46. ERNEST SASIN (Oncle de Yulia) est né de Mikhail Prokhorovitch Sasin[57] et de Rebecca Iosifovna Ratman[58], comme montré dans l'arbre 9. Il est décédé.
47. ALEXANDRA ANTONOVNA (Tante par alliance de Yulia). Elle est décédée.
    Ernest Sasin[46] a épousé Alexandra Antonovna. Ils ont eu trois enfants :
       Mikhail Sasin[35]
       Anna Sasin[36]
       Anton Sasin[38]

48. EDWARD SASIN (Oncle de Yulia) est né de Mikhail Prokhorovitch Sasin[57] et de Rebecca Iosifovna Ratman[58], comme montré dans l'arbre 9.
49. HANNA PAVLOVNA (Tante par alliance de Yulia). Elle est décédée.
    Edward Sasin[48] a épousé Hanna Pavlovna. Ils ont eu deux enfants :
       Helene Lena Sasin[39]
       Serge Sasin[40]

50. NATALIE ROTHSTEIN (Tante de Yulia) est née d'Adolph Yehuda Rothstein[59] et d'Anna Georgievna Rodschenkova[60], comme montré dans l'arbre 10.

51. 3 ENFANTS MORTS BEBES ROTHSTEIN (Oncle de Yulia) est né d'Adolph Yehuda Rothstein[59] et d'Anna Georgievna Rodschenkova[60], comme montré dans l'arbre 10. Il est décédé.

52. TATIANA VASSILIEVNA (Grande-cousine de Yulia) est née de Vassili Inconnu[62] et d'Alexandra Gorgievna Rodschenkova[61].

53. VACISLAV VASSILIEVICH INCONNU (Grand-cousin de Yulia) est né de Vassili Inconnu[62] et d'Alexandra Gorgievna Rodschenkova[61].

54. RAISSA MANKEVICH (Grande-cousine de Yulia) est née de Vasiliy Ivanovitch Mankevich[64] et de Maria Gorgievna Rodschenkova[63].
55. ALEXANDER SHUKIN (Mari de la grande-cousine de Yulia). Il est décédé.
    Alexander Shukin a épousé Raissa Mankevich[54]. Ils ont eu deux enfants :
       Svetlana Alexandrovna Shukina[41]
       Vladimir Alexandrovitch Inconnu[42]

56. ENFANT 1 MANKEVICH (Grand-cousin de Yulia) est né de Vasiliy Ivanovitch Mankevich[64] et de Maria Gorgievna Rodschenkova[63]. Il est décédé.

Génération des grands-parents

57. MIKHAIL PROKHOROVITCH SASIN (Grand-père de Yulia) est né de Prokhor Sasin[65], comme montré dans l'arbre 8. Il est décédé (Deuxieme Guerre Mondiale (WW2)) à Russie.
58. REBECCA IOSIFOVNA RATMAN (Grand-mère de Yulia) est née de Joseph Iosif Abramovitch Ratman[66] et de Rosalia Vinitskaya[67], comme montré dans l'arbre 9. Elle est décédée à Russie.
    Mikhail Prokhorovitch Sasin[57] a épousé Rebecca Iosifovna Ratman. Ils ont eu trois fils :
       Emmanuil Mikhailov Sasin[43]
       Ernest Sasin[46]
       Edward Sasin[48]
    Cette famille est montrée dans l'arbre 9.

59. ADOLPH YEHUDA ROTHSTEIN (Grand-père de Yulia) est né en 1899, à Chiernievska, Minsk, Belarus, d'Abraham Illitch Rothstein[68], comme montré dans l'arbre 8. Il est décédé (WAR) (A la guerre) en 1939, à environ 40 ans.

60. ANNA GEORGIEVNA RODSCHENKOVA (Grand-mère de Yulia) est née le 14 octobre 1914, à Leningrad, Russie, de Georgi Ilitch Rodschenkov[69] et de Maria Vassilievna Golubeva[70], comme montré dans l'arbre 11. Elle est décédée en 1997, à environ 82 ans, à Leningrad, Russie.
    Adolph Yehuda Rothstein[59] a épousé Anna Georgievna Rodschenkova. Ils ont eu trois enfants :
    Galina Adolphovna Rothstein[44] née en 1936
    Natalie Rothstein[50]
    3 enfants morts bebes Rothstein[51]
    Cette famille est montrée dans l'arbre 10.

61. ALEXANDRA GORGIEVNA RODSCHENKOVA (Grand-tante de Yulia) est née de Georgi Ilitch Rodschenkov[69] et de Maria Vassilievna Golubeva[70], comme montré dans l'arbre 11. Elle est décédée.
62. VASSILI INCONNU (Grand-oncle par alliance de Yulia). Il est décédé.
    Vassili Inconnu a épousé Alexandra Gorgievna Rodschenkova[61]. Ils ont eu deux enfants :
    Tatiana Vassilievna[52]
    Vacislav Vassilievich Inconnu[53]

63. MARIA GORGIEVNA RODSCHENKOVA (Grand-tante de Yulia) est née de Georgi Ilitch Rodschenkov[69] et de Maria Vassilievna Golubeva[70], comme montré dans l'arbre 11. Elle est décédée.
64. VASILIY IVANOVITCH MANKEVICH (Grand-oncle par alliance de Yulia) est né d'Ivan Mankevich. Il est décédé.
    Vasiliy Ivanovitch Mankevich a épousé Maria Gorgievna Rodschenkova[63]. Ils ont eu deux enfants :
    Raissa Mankevich[54]
    enfant 1 Mankevich[56]

Génération des arrière-grands-parents

65. PROKHOR SASIN (Arrière-grand-père de Yulia). Il est décédé.
    Prokhor a engendré un fils :
    Mikhail Prokhorovitch Sasin[57]
    Cette famille est montrée dans l'arbre 8.

66. JOSEPH IOSIF ABRAMOVITCH RATMAN (Arrière-grand-père de Yulia) est né en 1871 d'Abram Ratman[71], comme montré dans l'arbre 9. Il est décédé en 1962, à environ 91 ans.
67. ROSALIA VINITSKAYA (Arrière-grand-mère de Yulia) est née en 1884. Elle est décédée en 1968, à environ 84 ans.
    Joseph Iosif Abramovitch Ratman[66] a épousé Rosalia Vinitskaya. Ils ont eu une fille :
    Rebecca Iosifovna Ratman[58]
    Cette famille est montrée dans l'arbre 9.

68. ABRAHAM ILLITCH ROTHSTEIN (Arrière-grand-père de Yulia). Il est décédé (Tuberculose).
    Note :
    il est MORT a 45 ans
    il a eu 1 garcon et 3 filles
    les filles ont chacune fait 3 garcons.
    Abraham a engendré un fils :
    Adolph Yehuda Rothstein[59] né en 1899
    Cette famille est montrée dans l'arbre 8.

69. GEORGI ILITCH RODSCHENKOV (Arrière-grand-père de Yulia). Il est décédé en 1915 à Galitsa, Novgorod, Russia.
70. MARIA VASSILIEVNA GOLUBEVA (Arrière-grand-mère de Yulia) est née de Vassili Golubev[72], comme montré dans l'arbre 10. Elle est décédée en 1968 à Petrosavodsk, Russie. Elle a été inhumée à Petrosavodsk, Russie.
    Georgi Ilitch Rodschenkov[69] a épousé Maria Vassilievna Golubeva. Ils ont eu trois filles :
    Anna Georgievna Rodschenkova[60] née en 1914
    Alexandra Gorgievna Rodschenkova[61]
    Maria Gorgievna Rodschenkova[63]
    Cette famille est montrée dans l'arbre 11.

Génération des arrière-arrière-grands-parents

71. ABRAM RATMAN (Arrière-arrière-grand-père de Yulia). Il est décédé.
    Abram a engendré un fils :
       Joseph Iosif Abramovitch Ratman [66] né en 1871
    Cette famille est montrée dans l'arbre 9.

72. VASSILI GOLUBEV (Arrière-arrière-grand-père de Yulia). Il est décédé.
    Vassili a engendré une fille :
       Maria Vassilievna Golubeva [70]
    Cette famille est montrée dans l'arbre 10.

5. ARBRES GÉNÉALOGIQUES

Chaque arbre montre une famille sur quatre générations : les enfants, les parents, les grands-parents et les arrière grands-parents recensées d'un groupe de famille. Afin de réduire les redondances, toute famille qui est complètement incluse dans un autre arbre de famille ne sera pas traitée séparément.

La référence "..." au-dessus des arrière grands-parents, à gauche des grands-parents ou des parents ou en dessous des enfants se rapporte au numéro d'arbre de ces personnes (arbre qui comprend enfants, grands-parents et arrière grands-parents de ces personnes).

Dans les cas de mariages multiples, un numéro de référence précédé par "=" est montré à la droite des parents. Ce numéro référence l'arbre précédent et/ou prochain dans lequel cet individu est montré associé à une autre personne.

Dans les cas des enfants adoptés, le lien parental est montré avec un tiret et un numéro de référence précédé par "=" est montré dans la boîte de l'individu. Ce nombre référence l'arbre dans lequel cet individu est montré avec ses parents normaux.

1. MEDALI, Dallys-Tom Stalino et DIMIGOU, Mireille Philibertovna
2. SAGUI, Landry et ODJO, Solange Adetola
3. KRAVCHUK, Ruslan et OREKHOVA, Masha Marie
4. KOPAEV, Sergey et OREKHOVA, Masha Marie
5. DIMIGOU, Philibert Ameyeovo Oviogbo et SASINA, Yulia Emmanuilovna
6. ODJO, Cyril Babatounde et SASINA, Yulia Emmanuilovna
7. OREKHOV, Vladimir et SASINA, Yulia Emmanuilovna
8. SASIN, Emmanuil Mikhailov et ROTHSTEIN, Galina Adolphovna
9. SASIN, Mikhail Prokhorovitch et RATMAN, Rebecca Iosifovna
10. ROTHSTEIN, Adolph Yehuda et RODSCHENKOVA, Anna Georgievna
11. RODSCHENKOV, Georgi Ilitch et GOLUBEVA, Maria Vassilievna

1. Dallys-Tom Stalino Medali et Mireille Philibertovna Dimigou

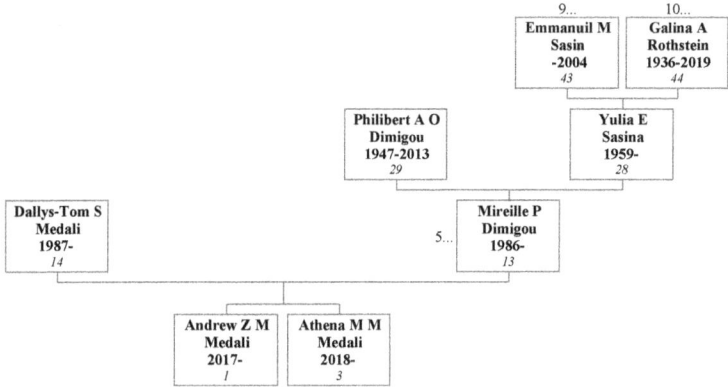

9...

Emmanuil M Sasin -2004	Galina A Rothstein 1936-2019
43	44

10...

Philibert A O Dimigou 1947-2013	Yulia E Sasina 1959-
29	28

Dallys-Tom S Medali 1987-	5...	Mireille P Dimigou 1986-
14		13

Andrew Z M Medali 2017-	Athena M M Medali 2018-
1	3

2. Landry Sagui et Solange Adetola Odjo

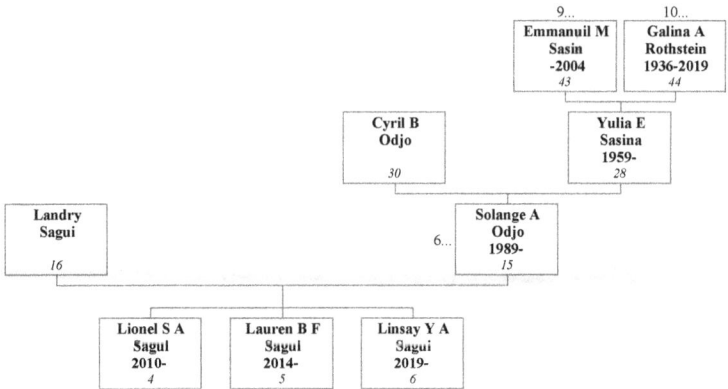

9...

Emmanuil M Sasin -2004	Galina A Rothstein 1936-2019
43	44

10...

Cyril B Odjo	Yulia E Sasina 1959-
30	28

Landry Sagui	6...	Solange A Odjo 1989-
16		15

Lionel S A Sagui 2010-	Lauren B F Sagui 2014-	Linsay Y A Sagui 2019-
4	5	6

Page 12

3. Ruslan Kravchuk et Masha Marie Orekhova

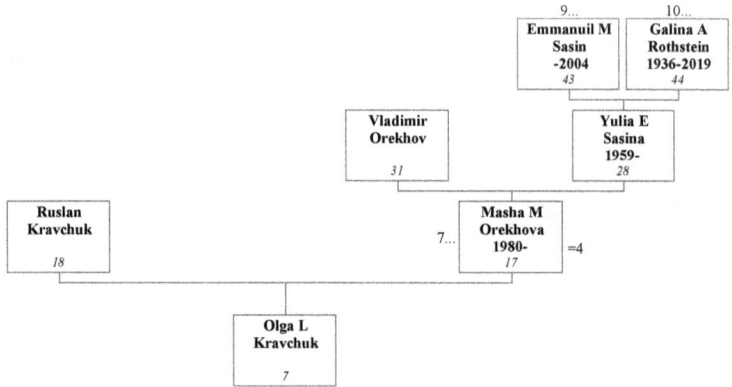

```
                                              9...          10...
                                          Emmanuil M    Galina A
                                            Sasin       Rothstein
                                            -2004       1936-2019
                                             43            44

                          Vladimir                    Yulia E
                          Orekhov                      Sasina
                                                        1959-
                            31                           28

        Ruslan                              Masha M
        Kravchuk                   7...     Orekhova
                                            1980-         =4
          18                                  17

                          Olga L
                          Kravchuk

                             7
```

4. Sergey Kopaev et Masha Marie Orekhova

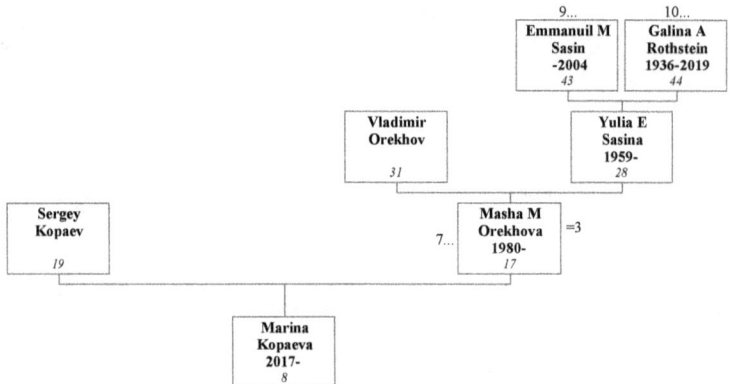

```
                                              9...          10...
                                          Emmanuil M    Galina A
                                            Sasin       Rothstein
                                            -2004       1936-2019
                                             43            44

                          Vladimir                    Yulia E
                          Orekhov                      Sasina
                                                        1959-
                            31                           28

        Sergey                              Masha M     =3
        Kopaev                     7...     Orekhova
                                            1980-
          19                                  17

                          Marina
                          Kopaeva
                          2017-
                             8
```

5. Philibert Ameyeovo Oviogbo Dimigou et Yulia Emmanuilovna Sasina

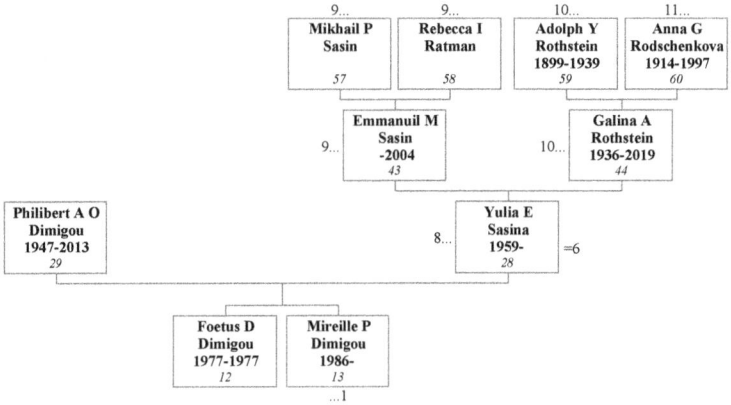

9...	9...	10...	11...
Mikhail P Sasin	**Rebecca I Ratman**	**Adolph Y Rothstein** 1899-1939	**Anna G Rodschenkova** 1914-1997
57	*58*	*59*	*60*

9... **Emmanuil M Sasin** -2004 *43*

10... **Galina A Rothstein** 1936-2019 *44*

Philibert A O Dimigou 1947-2013 *29*

8... **Yulia E Sasina** 1959- *28* =6

Foetus D Dimigou 1977-1977 *12*	**Mireille P Dimigou** 1986- *13*

...1

6. Cyril Babatounde Odjo et Yulia Emmanuilovna Sasina

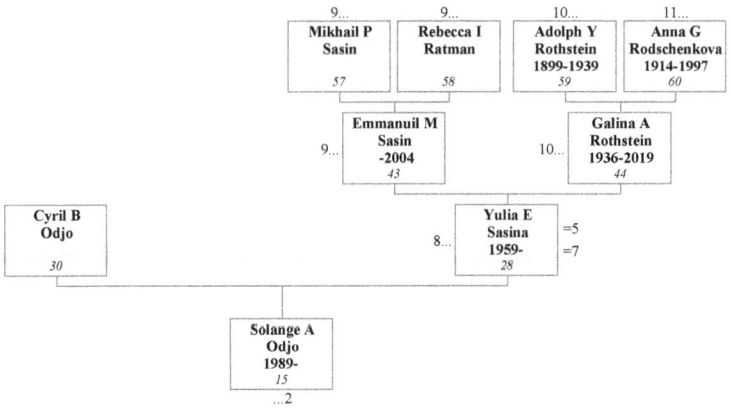

9...	9...	10...	11...
Mikhail P Sasin	**Rebecca I Ratman**	**Adolph Y Rothstein** 1899-1939	**Anna G Rodschenkova** 1914-1997
57	*58*	*59*	*60*

9... **Emmanuil M Sasin** -2004 *43*

10... **Galina A Rothstein** 1936-2019 *44*

Cyril B Odjo *30*

8... **Yulia E Sasina** 1959- *28* =5 =7

Solange A Odjo 1989- *15*

...2

7. Vladimir Orekhov et Yulia Emmanuilovna Sasina

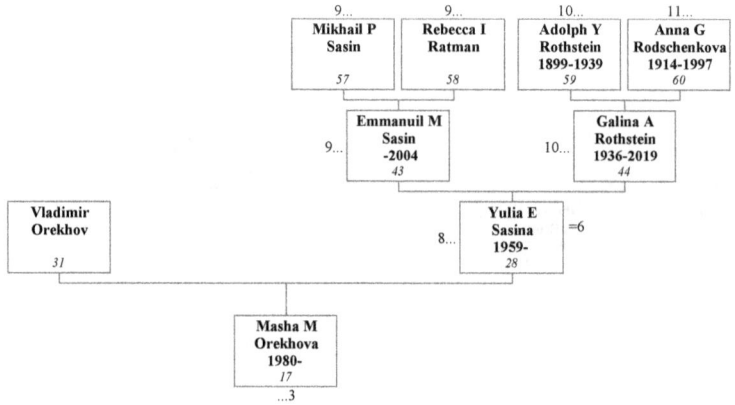

9...	9...	10...	11...
Mikhail P Sasin	**Rebecca I Ratman**	**Adolph Y Rothstein** 1899-1939	**Anna G Rodschenkova** 1914-1997
57	*58*	*59*	*60*

9... **Emmanuil M Sasin** -2004 *43*	10... **Galina A Rothstein** 1936-2019 *44*

Vladimir Orekhov *31*	8... **Yulia E Sasina** 1959- *28* =6

Masha M Orekhova 1980- *17*
...3

8. Emmanuil Mikhailov Sasin et Galina Adolphovna Rothstein

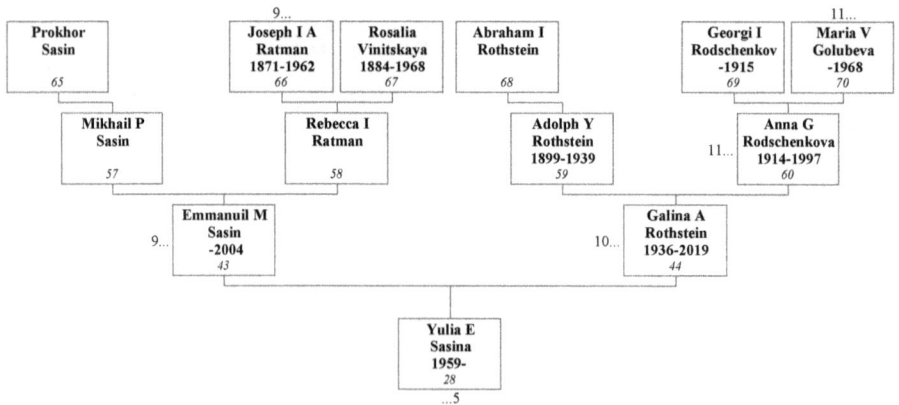

	9...				11...	
Prokhor Sasin *65*	**Joseph I A Ratman** 1871-1962 *66*	**Rosalia Vinitskaya** 1884-1968 *67*	**Abraham I Rothstein** *68*		**Georgi I Rodschenkov** -1915 *69*	**Maria V Golubeva** -1968 *70*

Mikhail P Sasin *57*	**Rebecca I Ratman** *58*	**Adolph Y Rothstein** 1899-1939 *59*	11... **Anna G Rodschenkova** 1914-1997 *60*

9... **Emmanuil M Sasin** -2004 *43*	10... **Galina A Rothstein** 1936-2019 *44*

Yulia E Sasina 1959- *28*
...5

Page 15

9. Mikhail Prokhorovitch Sasin et Rebecca Iosifovna Ratman

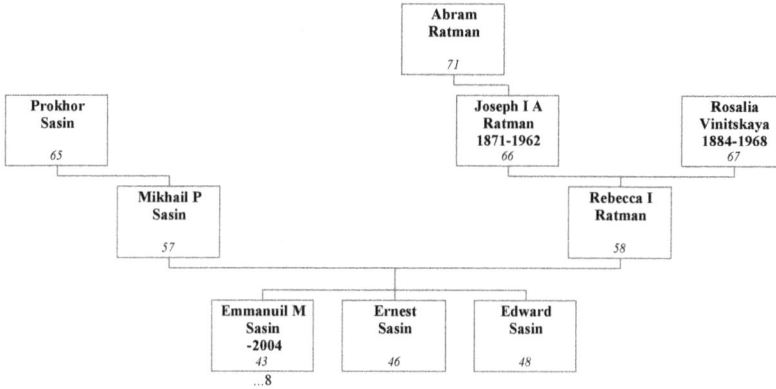

```
                          Abram
                          Ratman
                            71

  Prokhor                         Joseph I A              Rosalia
   Sasin                           Ratman               Vinitskaya
                                  1871-1962              1884-1968
    65                               66                     67

        Mikhail P                              Rebecca I
          Sasin                                 Ratman
           57                                     58

              Emmanuil M        Ernest         Edward
                Sasin            Sasin          Sasin
                -2004
                 43              46              48
                ...8
```

10. Adolph Yehuda Rothstein et Anna Georgievna Rodschenkova

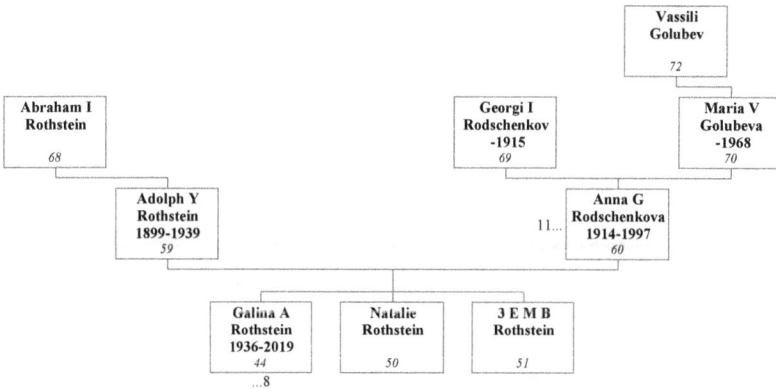

```
                                        Vassili
                                        Golubev
                                           72

  Abraham I                      Georgi I              Maria V
  Rothstein                    Rodschenkov            Golubeva
                                  -1915                 -1968
     68                            69                    70

        Adolph Y                            Anna G
        Rothstein                   11...  Rodschenkova
        1899-1939                          1914-1997
           59                                 60

              Galina A         Natalie        3 E M B
             Rothstein        Rothstein      Rothstein
             1936-2019
                44              50              51
                ...8
```

11. Georgi Ilitch Rodschenkov et Maria Vassilievna Golubeva

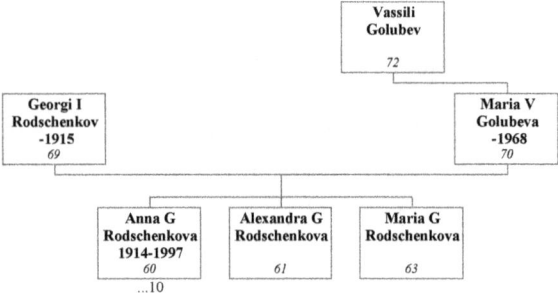

```
                          Vassili
                          Golubev
                            72

Georgi I                              Maria V
Rodschenkov                           Golubeva
-1915                                 -1968
69                                    70

          Anna G        Alexandra G    Maria G
          Rodschenkova  Rodschenkova   Rodschenkova
          1914-1997
          60            61             63
          ...10
```

7. INDEX DES DATES

1871
Naissance de Joseph Iosif Abramovitch Ratman[66].
1884
Naissance de Rosalia Vinitskaya[67].
1899
Naissance de Adolph Yehuda Rothstein[59] à Chiernievska, Minsk, Belarus.
1914
Naissance de Anna Georgievna Rodschenkova[60] le 14 octobre, à Leningrad, Russie.
1915
Décès de Georgi Ilitch Rodschenkov[69] à Galitsa, Novgorod, Russia.
1936
Naissance de Galina Adolphovna Rothstein[44] le 3 décembre.
1939
Décès de Adolph Yehuda Rothstein[59].
1947
Naissance de Philibert Ameyeovo Oviogbo Dimigou[29] à Gliji, Togo.
1959
Naissance de Yulia Emmanuilovna Sasina[28] le 18 janvier, à Saint Petersburg, Saint Petersburg, Russia.
1962
Décès de Joseph Iosif Abramovitch Ratman[66].
1968
Décès de Rosalia Vinitskaya[67].
Décès de Maria Vassilievna Golubeva[70] à Petrosavodsk, Russie.
1969
Naissance de Maxim Sasin[32] le 28 février.
1977
Naissance de Foetus de 6 mois perdu avant naissance Dimigou[12].
Décès de Foetus de 6 mois perdu avant naissance Dimigou[12] à St Petersbourg, Russia.
1980
Naissance de Masha Marie Orekhova[17] le 6 août, à Saint Petersburg, Russia.
1986
Naissance de Mireille Philibertovna Dimigou[13] le 9 juillet, à Saint Petersburg, Russia.
1987
Naissance de Dallys-Tom Stalino Medali[14] le 1er mai.
1989
Naissance de Solange Adetola Odjo[15] le 3 octobre, à Leningrad, Russie.
1997
Décès de Anna Georgievna Rodschenkova[60] à Leningrad, Russie.
2004
Décès de Emmanuil Mikhailov Sasin[43] le 8 avril, à St Petersburg, Russie.
2010
Naissance de Lionel Sourou Ademola Sagui[4] le 21 juin, à Cotonou, Littoral, Benin.
Naissance de Anastacia Asia Sasina[22].
2013
Décès de Philibert Ameyeovo Oviogbo Dimigou[29] le 17 septembre, à Cotonou, Littoral, Benin.
2014
Naissance de Lauren Bangami Folashade Sagui[5] le 5 novembre, à Cotonou, Littoral, Benin.
2016
Mariage de Dallys-Tom Stalino Medali[14] et Mireille Philibertovna Dimigou[13] le 12 avril, à Moscou, Russie.
2017
Naissance de Andrew Zeus Miraldo Medali[1] le 25 janvier, à New York, USA.
Naissance de Marina Kopaeva[8] le 28 août, à Saint Petersburg, Russia.
Naissance de Olympia Alexis Ohanian[2] le 1er septembre, à West Palm Beach, Florida, USA.
2018
Naissance de Athena Marylys Miraldita Medali[3] le 29 août, à New York, USA.
2019
Naissance de Linsay Yasman Adenike Sagui[6] le 15 juillet, à Cotonou, Littoral, Benin.
Décès de Galina Adolphovna Rothstein[44] le 5 novembre, à Saint Petersburg, Saint Petersburg, Russia.

8. INDEX DES INDIVIDUS

Photos et illustrations

DALLYS MEDALI ET YULIA OREKHOVA SASINA

GALINA ADOLFOVNA SASINA

JOSEPH ABRAMOVITCH RATMAN

LETTRE RUSSE

MAXIM, MASHA, OLGA ET AUTRES DESCENDANTS DE MIKHAIL SASIN

DESSIN DE OLGA KRAVTCHUK

ADOLPH Y. ROTHSTEIN ET ANNA G. RODSCHENKOVA, PARENTS DE GALINA

ROSALIA VINITSKAYA IOSIFOVNA RATMAN

YULIA SASINA

YULIA SASINA

House of Dallys - Histoire & Genéalogie - Solara Editions

QUELQUES MÉDAILLES SPORTIVES DE YULIA SASINA

YULIA, MASHA ET MIREILLE

YULIA SASINA

Philibert Dimigou

Galina Adolfovna Sasina

Galina Adolfovna Sasina

Vladimir Ouliyanovitch Matouschevskiy

Yulia Sasina

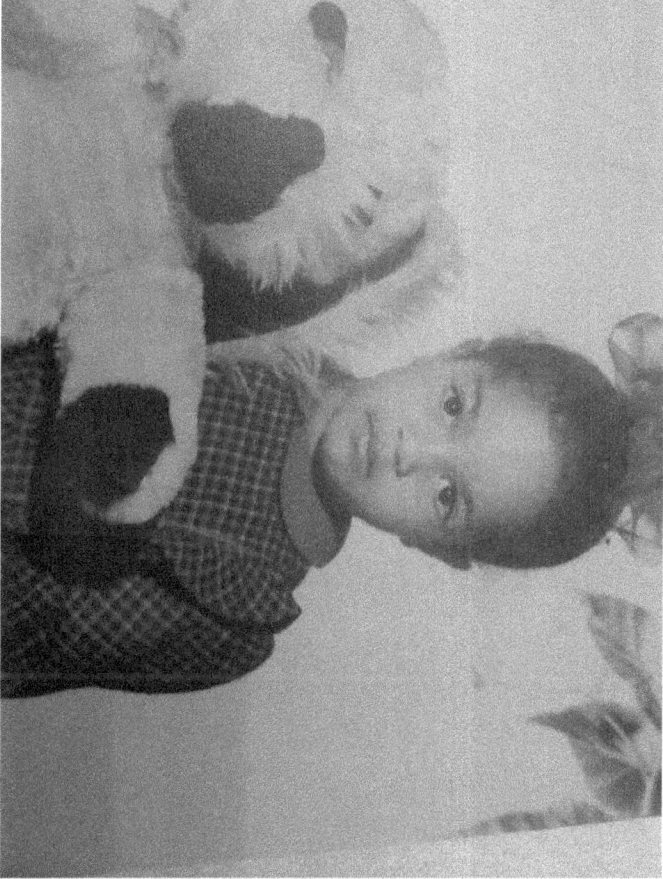

Mireille Dimigou

PHILIBERT DIMIGOU ET SES COLLÈGUES ÉCUREUILS DU BENIN

PHILIBERT AMEYEOVO OVIOGBO DIMIGOU

Philibert Dimigou

House of Dallys - Histoire & Genéalogie - Solara Editions

1. ASCENDANCE PATERNELLE

Tete Dimigou [101]

Tete Dimigou[69]
+Mignonsin Zissi Ghanato Nouchet[70]
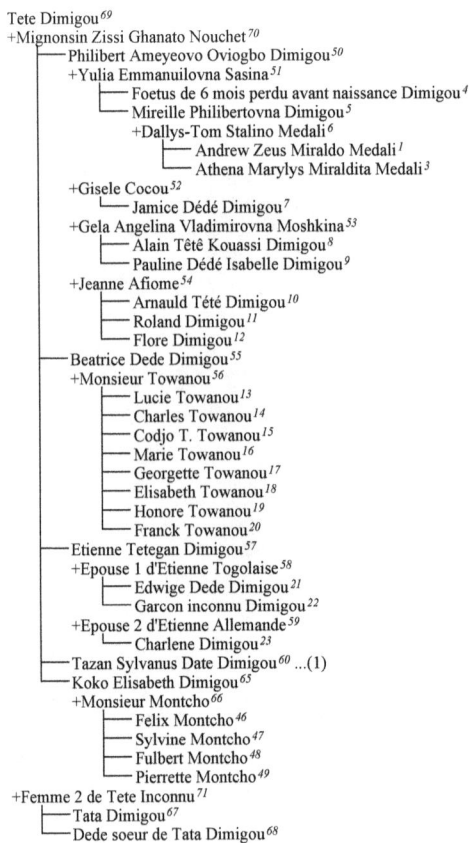
    ├── Philibert Ameyeovo Oviogbo Dimigou[50]
      +Yulia Emmanuilovna Sasina[51]
        ├── Foetus de 6 mois perdu avant naissance Dimigou[4]
        └── Mireille Philibertovna Dimigou[5]
          +Dallys-Tom Stalino Medali[6]
            ├── Andrew Zeus Miraldo Medali[1]
            └── Athena Marylys Miraldita Medali[3]
      +Gisele Cocou[52]
        └── Jamice Dédé Dimigou[7]
      +Gela Angelina Vladimirovna Moshkina[53]
        ├── Alain Têtê Kouassi Dimigou[8]
        └── Pauline Dédé Isabelle Dimigou[9]
      +Jeanne Afiome[54]
        ├── Arnauld Tété Dimigou[10]
        ├── Roland Dimigou[11]
        └── Flore Dimigou[12]
    ├── Beatrice Dede Dimigou[55]
      +Monsieur Towanou[56]
        ├── Lucie Towanou[13]
        ├── Charles Towanou[14]
        ├── Codjo T. Towanou[15]
        ├── Marie Towanou[16]
        ├── Georgette Towanou[17]
        ├── Elisabeth Towanou[18]
        ├── Honore Towanou[19]
        └── Franck Towanou[20]
    ├── Etienne Tetegan Dimigou[57]
      +Epouse 1 d'Etienne Togolaise[58]
        ├── Edwige Dede Dimigou[21]
        └── Garcon inconnu Dimigou[22]
      +Epouse 2 d'Etienne Allemande[59]
        └── Charlene Dimigou[23]
    ├── Tazan Sylvanus Date Dimigou[60] ...(1)
    ├── Koko Elisabeth Dimigou[65]
      +Monsieur Montcho[66]
        ├── Felix Montcho[46]
        ├── Sylvine Montcho[47]
        ├── Fulbert Montcho[48]
        └── Pierrette Montcho[49]
+Femme 2 de Tete Inconnu[71]
    ├── Tata Dimigou[67]
    └── Dede soeur de Tata Dimigou[68]

(1)... Tazan Sylvanus Date Dimigou[60]
    +Epouse 3 de Tarzan Mere de Paul[61]
       └── Paul Date Dimigou[24]
    +Epouse 1 de Tarzan Inconnu[62]
       └── Ida Dede Dimigou[25]
    +Epouse 2 de Tarzan Inconnu[63]
       └── Jocelyne Dede Dimigou[26]
    +Epouse 4 de Tazan au Nigeria Inconnu[64]
       ├── Michael Dimigou[27]
       ├── Patrick Dimigou[28]
       ├── Ayomide Dimigou[29]
       ├── Oluwafemi Dimigou[30]
       ├── Okpeyemi Dimigou[31]
       ├── Salomon Dimigou[32]
       ├── Abosside Dimigou[33]
       ├── Peace Dimigou[34]
       ├── Samuel Dimigou[35]
       ├── Cecilia Dimigou[36]
       ├── Gudiom Dimigou[37]
       ├── Blening Dimigou[38]
       ├── Mary Dimigou[39]
       ├── Emmanuel Dimigou[40]
       ├── Samson Dimigou[41]
       ├── Victor du Nigeria Dimigou[42]
       ├── Gabriel Dimigou[43]
       ├── Sunday Dimigou[44]
       └── Sarah Dimigou[45]

2. ASCENDANCE MATERNELLE

┌─ Nouchet Adougou [107]
│
Mignonsin Zissi Ghanato Nouchet [102]

Nouchet Adougou[104]
├── Mignonsin Zissi Ghanato Nouchet[99]
│   +Tete Dimigou[100]
│   ├── Philibert Ameyeovo Oviogbo Dimigou[70]
│   │   +Yulia Emmanuilovna Sasina[71]
│   │   ├── Foetus de 6 mois perdu avant naissance Dimigou[4]
│   │   └── Mireille Philibertovna Dimigou[5] ...(1)
│   │   +Gisele Cocou[72]
│   │   └── Jamice Dédé Dimigou[7]
│   │   +Gela Angelina Vladimirovna Moshkina[73]
│   │   ├── Alain Têtê Kouassi Dimigou[8]
│   │   └── Pauline Dédé Isabelle Dimigou[9]
│   │   +Jeanne Afiome[74]
│   │   ├── Arnauld Tété Dimigou[10]
│   │   ├── Roland Dimigou[11]
│   │   └── Flore Dimigou[12]
│   ├── Beatrice Dede Dimigou[75]
│   │   +Monsieur Towanou[76]
│   │   ├── Lucie Towanou[13]
│   │   ├── Charles Towanou[14]
│   │   ├── Codjo T. Towanou[15]
│   │   ├── Marie Towanou[16]
│   │   ├── Georgette Towanou[17]
│   │   ├── Elisabeth Towanou[18]
│   │   ├── Honore Towanou[19]
│   │   └── Franck Towanou[20]
│   ├── Etienne Tetegan Dimigou[77]
│   │   +Epouse 1 d'Etienne Togolaise[78]
│   │   ├── Edwige Dede Dimigou[21]
│   │   └── Garcon inconnu Dimigou[22]
│   │   +Epouse 2 d'Etienne Allemande[79]
│   │   └── Charlene Dimigou[23]
│   ├── Tazan Sylvanus Date Dimigou[80] ...(2)
│   └── Koko Elisabeth Dimigou[85]
│   +Monsieur Montcho[86]
│   ├── Felix Montcho[46]
│   ├── Sylvine Montcho[47]
│   ├── Fulbert Montcho[48]
│   └── Pierrette Montcho[49]
│   +Monsieur Ananouh[101]
│   ├── Victor Kouassi Ananouh[87]
│   │   +Yulia Lopes Bastos[88]
│   │   └── Edwin Ananouh[50]
│   │   +Roseline Alapini[89]
│   │   ├── Comlan Armand Roderick Ananouh[51]
│   │   ├── Ronia Ananouh[52]
│   │   └── Robinia Ananouh[53]
│   ├── Benoit Yaovi Ananouh[90] ...(3)
│   ├── Antoinette Ananouh[94] ...(4)
│   ├── Thomas Koffi Ananouh[96] ...(5)
│   └── Rosine Akoua Ananouh[97] ...(6)
├── Dossou Fiove Nouchet[102]
└── Victor Nouchet[103]

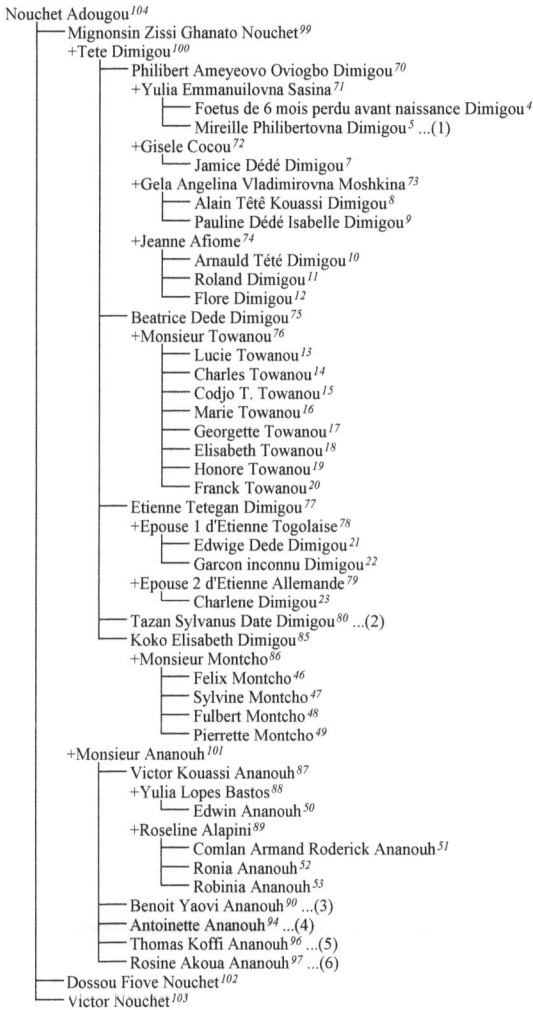

(1)... Mireille Philibertovna Dimigou[5]
    +Dallys-Tom Stalino Medali[6]
    ├── Andrew Zeus Miraldo Medali[1]
    └── Athena Marylys Miraldita Medali[3]

(2)... Tazan Sylvanus Date Dimigou[80]
  +Epouse 3 de Tarzan Mere de Paul[81]
   └── Paul Date Dimigou[24]
  +Epouse 1 de Tarzan Inconnu[82]
   └── Ida Dede Dimigou[25]
  +Epouse 2 de Tarzan Inconnu[83]
   └── Jocelyne Dede Dimigou[26]
  +Epouse 4 de Tazan au Nigeria Inconnu[84]
   ├── Michael Dimigou[27]
   ├── Patrick Dimigou[28]
   ├── Ayomide Dimigou[29]
   ├── Oluwafemi Dimigou[30]
   ├── Okpeyemi Dimigou[31]
   ├── Salomon Dimigou[32]
   ├── Abosside Dimigou[33]
   ├── Peace Dimigou[34]
   ├── Samuel Dimigou[35]
   ├── Cecilia Dimigou[36]
   ├── Gudiom Dimigou[37]
   ├── Blening Dimigou[38]
   ├── Mary Dimigou[39]
   ├── Emmanuel Dimigou[40]
   ├── Samson Dimigou[41]
   ├── Victor du Nigeria Dimigou[42]
   ├── Gabriel Dimigou[43]
   ├── Sunday Dimigou[44]
   └── Sarah Dimigou[45]

(3)... Benoit Yaovi Ananouh[90]
  +Epouse 1 de Benoit Ananouh Inconnu[91]
   └── Lucrece Ananouh[54]
  +Epouse 2 de Benoit Ananouh Inconnu[92]
   └── Soria Ananouh[55]
  +Epouse 3 de Benoit Ananouh Inconnu[93]
   ├── Jaures Ananouh[56]
   └── Credo Ananouh[57]

(4)... Antoinette Ananouh[94]
  +Monsieur Egnankou[95]
   ├── Ange Egnankou[58]
   ├── Christiane Egnankou[59]
   └── Gertrude Egnankou[60]

(5)... Thomas Koffi Ananouh[96]
   ├── Lysias Ananouh[61]
   ├── Charles Mari Ananouh[62]
   ├── Davis Ananouh[63]
   ├── Marvin Ananouh[64]
   ├── Cynthia Ananouh[65]
   └── Sedjro Ananouh[66]

(6)... Rosine Akoua Ananouh[97]
  +Monsieur Owolabi[98]
   ├── Akim Bernadin Owolabi[67]
   ├── Joseph Owolabi[68]
   └── Yannick Owolabi[69]

3. DESCENDANTS

Philibert Ameyeovo Oviogbo Dimigou[70]
+Yulia Emmanuelovna Sassina[71]
    ├── Foetus de 6 mois perdu avant naissance Dimigou[4]
    └── Mireille Philibertovna Dimigou[5]
        +Dallys-Tom Stalino Medali[6]
            ├── Andrew Zeus Miraldo Medali[1]
            └── Athena Marylys Miraldita Medali[3]
+Gisele Cocou[72]
    └── Jamice Dédé Dimigou[7]
+Gela Angelina Vladimirovna Moshkina[73]
    ├── Alain Têtê Kouassi Dimigou[8]
    └── Pauline Dédé Isabelle Dimigou[9]
+Jeanne Afiome[74]
    ├── Arnauld Tété Dimigou[10]
    ├── Roland Dimigou[11]
    └── Flore Dimigou[12]

4. RELATIONS DIRECTES

Génération des petits-enfants

1. ANDREW ZEUS MIRALDO MEDALI (Petit-fils de Philibert) est né le 25 janvier 2017, à New York, USA, de Dallys-Tom Stalino Medali[6] et de Mireille Philibertovna Dimigou[5], comme montré dans l'arbre 1.

2. OLYMPIA ALEXIS OHANIAN (Conjointe du petit-fils de Philibert) est née le 1er septembre 2017, à West Palm Beach, Florida, USA, d'Alexis Ohanian et de Serena Jameka Williams.
Andrew Zeus Miraldo Medali[1] et Olympia Alexis Ohanian sont devenus des compagnons.
Des informations supplémentaires concernant cette famille. Amis.

3. ATHENA MARYLYS MIRALDITA MEDALI (Petite-fille de Philibert) est née le 29 août 2018, à New York, USA, de Dallys-Tom Stalino Medali[6] et de Mireille Philibertovna Dimigou[5], comme montré dans l'arbre 1.

Génération des enfants

4. FOETUS DE 6 MOIS PERDU AVANT NAISSANCE DIMIGOU (Fils de Philibert) est né en 1977 de Philibert Ameyeovo Oviogbo Dimigou[70] et de Yulia Emmanuelovna Sassina[71], comme montré dans l'arbre 2. Il est décédé en 1977, étant nourrisson, à St Petersbourg, Russia.

5. MIREILLE PHILIBERTOVNA DIMIGOU (Fille de Philibert) est née le 9 juillet 1986, à Saint Petersburg, Russia, de Philibert Ameyeovo Oviogbo Dimigou[70] et de Yulia Emmanuelovna Sassina[71], comme montré dans l'arbre 2.

6. DALLYS-TOM STALINO MEDALI (Beau-fils de Philibert) est né le 1er mai 1987 de David Medali et d'Ida Gisele Leocadie Tokpo. Dallys-Tom travaillait comme CPA. Il a résidé (ADDR) à New York, New York, United States.
Des informations supplémentaires concernant Dallys-Tom. Email: dallystom@yahoo.fr.
Dallys-Tom Stalino Medali, âgé de 28 ans, a épousé Mireille Philibertovna Dimigou[5], âgée de 29 ans, le 12 avril 2016 à Moscou, Russie. Ils ont eu deux enfants :
Andrew Zeus Miraldo Medali[1] né en 2017
Athena Marylys Miraldita Medali[3] née en 2018
Cette famille est montrée dans l'arbre 1.

7. JAMICE DÉDÉ DIMIGOU (Fille de Philibert) est née le 23 janvier 2006 de Philibert Ameyeovo Oviogbo Dimigou[70] et de Gisele Cocou[72], comme montré dans l'arbre 3.

8. ALAIN TÊTÊ KOUASSI DIMIGOU (Fils de Philibert) est né de Philibert Ameyeovo Oviogbo Dimigou[70] et de Gela Angelina Vladimirovna Moshkina[73], comme montré dans l'arbre 4.

9. PAULINE DÉDÉ ISABELLE DIMIGOU (Fille de Philibert) est née le 17 septembre (année inconnue) de Philibert Ameyeovo Oviogbo Dimigou[70] et de Gela Angelina Vladimirovna Moshkina[73], comme montré dans l'arbre 4.

10. ARNAULD TÉTÉ DIMIGOU (Fils de Philibert) est né en 1983 de Philibert Ameyeovo Oviogbo Dimigou[70] et de Jeanne Afiome[74], comme montré dans l'arbre 5.

11. ROLAND DIMIGOU (Fils de Philibert) est né de Philibert Ameyeovo Oviogbo Dimigou[70] et de Jeanne Afiome[74], comme montré dans l'arbre 5. Il est décédé.

12. FLORE DIMIGOU (Fille de Philibert) est née de Philibert Ameyeovo Oviogbo Dimigou[70] et de Jeanne Afiome[74], comme montré dans l'arbre 5. Elle est décédée.

13. LUCIE TOWANOU (Nièce de Philibert) est née de Monsieur Towanou[78] et de Beatrice Dede Dimigou[77].

14. CHARLES TOWANOU (Neveu de Philibert) est né de Monsieur Towanou[78] et de Beatrice Dede Dimigou[77].

15. CODJO T. TOWANOU (Neveu de Philibert) est né de Monsieur Towanou[78] et de Beatrice Dede Dimigou[77].

16. MARIE TOWANOU (Nièce de Philibert) est née de Monsieur Towanou[78] et de Beatrice Dede Dimigou[77].

17. GEORGETTE TOWANOU (Nièce de Philibert) est née de Monsieur Towanou[78] et de Beatrice Dede Dimigou[77].

18. ELISABETH TOWANOU (Nièce de Philibert) est née de Monsieur Towanou[78] et de Beatrice Dede Dimigou[77].

19. HONORE TOWANOU (Neveu de Philibert) est né de Monsieur Towanou[78] et de Beatrice Dede Dimigou[77].

20. FRANCK TOWANOU (Neveu de Philibert) est né de Monsieur Towanou[78] et de Beatrice Dede Dimigou[77].

21. EDWIGE DEDE DIMIGOU (Nièce de Philibert) est née d'Etienne Tetegan Dimigou[79] et d'Epouse 1 d'Etienne Togolaise[80].

22. GARCON INCONNU DIMIGOU (Neveu de Philibert) est né d'Etienne Tetegan Dimigou[79] et d'Epouse 1 d'Etienne Togolaise[80].

23. CHARLENE DIMIGOU (Nièce de Philibert) est née d'Etienne Tetegan Dimigou[79] et d'Epouse 2 d'Etienne Allemande[81].

24. PAUL DATE DIMIGOU (Neveu de Philibert) est né de Tazan Sylvanus Date Dimigou[82] et d'Epouse 3 de Tarzan Mere de Paul[83].

25. IDA DEDE DIMIGOU (Nièce de Philibert) est née de Tazan Sylvanus Date Dimigou[82] et d'Epouse 1 de Tarzan Inconnu[84].

26. JOCELYNE DEDE DIMIGOU (Nièce de Philibert) est née de Tazan Sylvanus Date Dimigou[82] et d'Epouse 2 de Tarzan Inconnu[85].

27. MICHAEL DIMIGOU (Neveu de Philibert) est né de Tazan Sylvanus Date Dimigou[82] et d'Epouse 4 de Tazan au Nigeria Inconnu[86].

28. PATRICK DIMIGOU (Neveu de Philibert) est né de Tazan Sylvanus Date Dimigou[82] et d'Epouse 4 de Tazan au Nigeria Inconnu[86].

29. AYOMIDE DIMIGOU (Neveu de Philibert) est né de Tazan Sylvanus Date Dimigou[82] et d'Epouse 4 de Tazan au Nigeria Inconnu[86].

30. OLUWAFEMI DIMIGOU (Nièce de Philibert) est née de Tazan Sylvanus Date Dimigou[82] et d'Epouse 4 de Tazan au Nigeria Inconnu[86].

31. OKPEYEMI DIMIGOU (Nièce de Philibert) est née de Tazan Sylvanus Date Dimigou[82] et d'Epouse 4 de Tazan au Nigeria Inconnu[86].

32. SALOMON DIMIGOU (Neveu de Philibert) est né de Tazan Sylvanus Date Dimigou[82] et d'Epouse 4 de Tazan au Nigeria Inconnu[86].

33. ABOSSIDE DIMIGOU (Nièce de Philibert) est née de Tazan Sylvanus Date Dimigou[82] et d'Epouse 4 de Tazan au Nigeria Inconnu[86].

34. PEACE DIMIGOU (Neveu de Philibert) est né de Tazan Sylvanus Date Dimigou[82] et d'Epouse 4 de Tazan au Nigeria Inconnu[86].

35. SAMUEL DIMIGOU (Neveu de Philibert) est né de Tazan Sylvanus Date Dimigou[82] et d'Epouse 4 de Tazan au Nigeria Inconnu[86].

36. CECILIA DIMIGOU (Nièce de Philibert) est née de Tazan Sylvanus Date Dimigou[82] et d'Epouse 4 de Tazan au Nigeria Inconnu[86].

37. GUDIOM DIMIGOU (Neveu de Philibert) est né de Tazan Sylvanus Date Dimigou[82] et d'Epouse 4 de Tazan au Nigeria Inconnu[86].

38. BLENING DIMIGOU (Nièce de Philibert) est née de Tazan Sylvanus Date Dimigou[82] et d'Epouse 4 de Tazan au Nigeria Inconnu[86].

39. MARY DIMIGOU (Nièce de Philibert) est née de Tazan Sylvanus Date Dimigou[82] et d'Epouse 4 de Tazan au Nigeria Inconnu[86].

40. EMMANUEL DIMIGOU (Neveu de Philibert) est né de Tazan Sylvanus Date Dimigou[82] et d'Epouse 4 de Tazan au Nigeria Inconnu[86].

41. SAMSON DIMIGOU (Neveu de Philibert) est né de Tazan Sylvanus Date Dimigou[82] et d'Epouse 4 de Tazan au Nigeria Inconnu[86].

42. VICTOR DU NIGERIA DIMIGOU (Neveu de Philibert) est né de Tazan Sylvanus Date Dimigou[82] et d'Epouse 4 de Tazan au Nigeria Inconnu[86].

43. GABRIEL DIMIGOU (Neveu de Philibert) est né de Tazan Sylvanus Date Dimigou[82] et d'Epouse 4 de Tazan au Nigeria Inconnu[86].

44. SUNDAY DIMIGOU (Neveu de Philibert) est né de Tazan Sylvanus Date Dimigou[82] et d'Epouse 4 de Tazan au Nigeria Inconnu[86].

45. SARAH DIMIGOU (Nièce de Philibert) est née de Tazan Sylvanus Date Dimigou[82] et d'Epouse 4 de Tazan au Nigeria Inconnu[86].

46. FELIX MONTCHO (Neveu de Philibert) est né de Monsieur Montcho[88] et de Koko Elisabeth Dimigou[87].

47. SYLVINE MONTCHO (Nièce de Philibert) est née de Monsieur Montcho[88] et de Koko Elisabeth Dimigou[87].

48. FULBERT MONTCHO (Neveu de Philibert) est né de Monsieur Montcho[88] et de Koko Elisabeth Dimigou[87].

49. PIERRETTE MONTCHO (Nièce de Philibert) est née de Monsieur Montcho[88] et de Koko Elisabeth Dimigou[87].

50. EDWIN ANANOUH (Neveu de Philibert) est né de Victor Kouassi Ananouh[89] et de Yulia Lopes Bastos[90].

51. COMLAN ARMAND RODERICK ANANOUH (Neveu de Philibert) est né de Victor Kouassi Ananouh[89] et de Roseline Alapini[91].

52. RONIA ANANOUH (Nièce de Philibert) est née de Victor Kouassi Ananouh[89] et de Roseline Alapini[91].

53. ROBINIA ANANOUH (Nièce de Philibert) est née de Victor Kouassi Ananouh[89] et de Roseline Alapini[91].

54. LUCRECE ANANOUH (Nièce de Philibert) est née de Benoit Yaovi Ananouh[92] et d'Epouse 1 de Benoit Ananouh Inconnu[93].

55. SORIA ANANOUH (Nièce de Philibert) est née de Benoit Yaovi Ananouh[92] et d'Epouse 2 de Benoit Ananouh Inconnu[94].

56. JAURES ANANOUH (Neveu de Philibert) est né de Benoit Yaovi Ananouh[92] et d'Epouse 3 de Benoit Ananouh Inconnu[95].

57. CREDO ANANOUH (Nièce de Philibert) est née de Benoit Yaovi Ananouh[92] et d'Epouse 3 de Benoit Ananouh Inconnu[95].

58. ANGE EGNANKOU (Neveu de Philibert) est né de Monsieur Egnankou[97] et d'Antoinette Ananouh[96].

59. CHRISTIANE EGNANKOU (Nièce de Philibert) est née de Monsieur Egnankou[97] et d'Antoinette Ananouh[96].

60. GERTRUDE EGNANKOU (Nièce de Philibert) est née de Monsieur Egnankou[97] et d'Antoinette Ananouh[96]. Elle est décédée.

61. LYSIAS ANANOUH (Neveu de Philibert) est né de Thomas Koffi Ananouh[98].

62. CHARLES MARI ANANOUH (Neveu de Philibert) est né de Thomas Koffi Ananouh[98].

63. DAVIS ANANOUH (Neveu de Philibert) est né de Thomas Koffi Ananouh[98].

64. MARVIN ANANOUH (Neveu de Philibert) est né de Thomas Koffi Ananouh[98].

65. CYNTHIA ANANOUH (Nièce de Philibert) est née de Thomas Koffi Ananouh[98].

66. SEDJRO ANANOUH (Neveu de Philibert) est né de Thomas Koffi Ananouh[98].

67. AKIM BERNADIN OWOLABI (Neveu de Philibert) est né de Monsieur Owolabi[100] et de Rosine Akoua Ananouh[99].

68. JOSEPH OWOLABI (Neveu de Philibert) est né de Monsieur Owolabi[100] et de Rosine Akoua Ananouh[99].

69. YANNICK OWOLABI (Neveu de Philibert) est né de Monsieur Owolabi[100] et de Rosine Akoua Ananouh[99].

Génération des pairs

70. PHILIBERT AMEYEOVO OVIOGBO DIMIGOU (Le sujet de ce rapport) est né en 1947, à Gliji, Togo, de Tete Dimigou[101] et de Mignonsin Zissi Ghanato Nouchet[102], comme montré dans l'arbre 6. Philibert était Professeur certifie de sport et kinesitherapeute. Il est décédé (Cancer du rein) le 17 septembre 2013, à environ 66 ans, à Cotonou, Littoral, Benin. Il a été inhumé à Grand Popo.
Des informations supplémentaires concernant Philibert. Nationalité : Bénin.
Philibert a été marié quatre fois. Il a épousé Yulia Emmanuelovna Sassina[71], Gisele Cocou[72], Gela Angelina Vladimirovna Moshkina[73] et Jeanne Afiome[74].
Note : *heure de deces 17h17.*

71. YULIA EMMANUELOVNA SASSINA (Femme de Philibert) est née le 18 janvier 1959, à Saint Petersburg, Saint Petersburg, Russia, d'Emmanuel Mikhailov Sassin et de Galina Adolphovna Rothstein.
Yulia a été mariée trois fois. Elle a épousé Philibert Ameyeovo Oviogbo Dimigou[70], Cyril Babatounde Odjo et Vladimir Orekhov.
    Philibert Ameyeovo Oviogbo Dimigou[70] a épousé Yulia Emmanuelovna Sassina. Ils ont eu deux enfants :
        Foetus de 6 mois perdu avant naissance Dimigou[4] né en 1977
        Mireille Philibertovna Dimigou[5] née en 1986
    Cette famille est montrée dans l'arbre 2.
    Cyril Babatounde Odjo a épousé Yulia Emmanuelovna Sassina. Ils ont eu une fille :
        Solange Adetola Odjo née en 1989
    Cette famille est montrée dans l'arbre 2.
    Vladimir Orekhov a épousé Yulia Emmanuelovna Sassina. Ils ont eu une fille :
        Masha Marie Orekhova née en 1980
    Cette famille est montrée dans l'arbre 2.

72. GISELE COCOU (Femme de Philibert).
    Philibert Ameyeovo Oviogbo Dimigou[70] a épousé Gisele Cocou. Ils ont eu une fille :
        Jamice Dédé Dimigou[7] née en 2006
    Cette famille est montrée dans l'arbre 3.

73. GELA ANGELINA VLADIMIROVNA MOSHKINA (Femme de Philibert) est née le 11 octobre (année inconnue) de Vladimir Moshkin.
    Philibert Ameyeovo Oviogbo Dimigou[70] a épousé Gela Angelina Vladimirovna Moshkina. Ils ont eu deux enfants :
        Alain Tété Kouassi Dimigou[8]
        Pauline Dédé Isabelle Dimigou[9] née en 0
    Cette famille est montrée dans l'arbre 4.

74. JEANNE AFIOME (Femme de Philibert).
    Philibert Ameyeovo Oviogbo Dimigou[70] a épousé Jeanne Afiome. Ils ont eu trois enfants :
        Arnauld Tété Dimigou[10] né en 1983
        Roland Dimigou[11]
        Flore Dimigou[12]
    Cette famille est montrée dans l'arbre 5.

75. TATA DIMIGOU (Demi-frère de Philibert) est né de Tete Dimigou[101] et de Femme 2 de Tete Inconnu[103].

76. DEDE SOEUR DE TATA DIMIGOU (Demi-sœur de Philibert) est née de Tete Dimigou[101] et de Femme 2 de Tete Inconnu[103].

77. BEATRICE DEDE DIMIGOU (Sœur de Philibert) est née de Tete Dimigou[101] et de Mignonsin Zissi Ghanato Nouchet[102], comme montré dans l'arbre 6.
78. MONSIEUR TOWANOU (Beau-frère de Philibert).
> Monsieur Towanou a épousé Beatrice Dede Dimigou[77]. Ils ont eu huit enfants :
>> Lucie Towanou[13]
>> Charles Towanou[14]
>> Codjo T. Towanou[15]
>> Marie Towanou[16]
>> Georgette Towanou[17]
>> Elisabeth Towanou[18]
>> Honore Towanou[19]
>> Franck Towanou[20]

79. ETIENNE TETEGAN DIMIGOU (Frère de Philibert) est né de Tete Dimigou[101] et de Mignonsin Zissi Ghanato Nouchet[102], comme montré dans l'arbre 6. Etienne travaillait comme Architecte a la retraite en Allemagne.
Etienne a été marié deux fois. Il a épousé Epouse 1 d'Etienne Togolaise[80] et Epouse 2 d'Etienne Allemande[81].
Note : *Lives in Germany, 2 kids including Edwige with Wife from Togo. Wife 2 is German and mother of Charlene (fille).*
80. EPOUSE 1 D'ETIENNE TOGOLAISE (Belle-sœur de Philibert).
> Etienne Tetegan Dimigou[79] a épousé Epouse 1 d'Etienne Togolaise. Ils ont eu deux enfants :
>> Edwige Dede Dimigou[21]
>> Garcon inconnu Dimigou[22]
81. EPOUSE 2 D'ETIENNE ALLEMANDE (Belle-sœur de Philibert).
> Etienne Tetegan Dimigou[79] a épousé Epouse 2 d'Etienne Allemande. Ils ont eu une fille :
>> Charlene Dimigou[23]

82. TAZAN SYLVANUS DATE DIMIGOU (Frère de Philibert) est né de Tete Dimigou[101] et de Mignonsin Zissi Ghanato Nouchet[102], comme montré dans l'arbre 6. Il est décédé.
Tazan a été marié quatre fois. Il a épousé Epouse 3 de Tarzan Mere de Paul[83], Epouse 1 de Tarzan Inconnu[84], Epouse 2 de Tarzan Inconnu[85] et Epouse 4 de Tazan au Nigeria Inconnu[86].
Note : *Lives in Nigeria, plenty of wives and kids including Paul.*
83. EPOUSE 3 DE TARZAN MERE DE PAUL (Belle-sœur de Philibert).
> Tazan Sylvanus Date Dimigou[82] a épousé Epouse 3 de Tarzan Mere de Paul. Ils ont eu un fils :
>> Paul Date Dimigou[24]
84. EPOUSE 1 DE TARZAN INCONNU (Belle-sœur de Philibert).
> Tazan Sylvanus Date Dimigou[82] a épousé Epouse 1 de Tarzan Inconnu. Ils ont eu une fille :
>> Ida Dede Dimigou[25]
85. EPOUSE 2 DE TARZAN INCONNU (Belle-sœur de Philibert).
> Tazan Sylvanus Date Dimigou[82] a épousé Epouse 2 de Tarzan Inconnu. Ils ont eu une fille :
>> Jocelyne Dede Dimigou[26]
86. EPOUSE 4 DE TAZAN AU NIGERIA INCONNU (Belle-sœur de Philibert).
> Tazan Sylvanus Date Dimigou[82] a épousé Epouse 4 de Tazan au Nigeria Inconnu. Ils ont eu dix-neuf enfants :
>> Michael Dimigou[27]
>> Patrick Dimigou[28]
>> Ayomide Dimigou[29]
>> Oluwafemi Dimigou[30]
>> Okpeyemi Dimigou[31]
>> Salomon Dimigou[32]
>> Abosside Dimigou[33]
>> Peace Dimigou[34]
>> Samuel Dimigou[35]
>> Cecilia Dimigou[36]
>> Gudiom Dimigou[37]
>> Blening Dimigou[38]
>> Mary Dimigou[39]
>> Emmanuel Dimigou[40]
>> Samson Dimigou[41]
>> Victor du Nigeria Dimigou[42]
>> Gabriel Dimigou[43]

Sunday Dimigou[44]
Sarah Dimigou[45]

87. KOKO ELISABETH DIMIGOU (Sœur de Philibert) est née de Tete Dimigou[101] et de Mignonsin Zissi Ghanato Nouchet[102], comme montré dans l'arbre 6. Elle est décédée.
88. MONSIEUR MONTCHO (Beau-frère de Philibert).
Monsieur Montcho a épousé Koko Elisabeth Dimigou[87]. Ils ont eu quatre enfants :
Felix Montcho[46]
Sylvine Montcho[47]
Fulbert Montcho[48]
Pierrette Montcho[49]

89. VICTOR KOUASSI ANANOUH (Demi-frère de Philibert) est né en 1966 de Monsieur Ananouh[104] et de Mignonsin Zissi Ghanato Nouchet[102]. Victor travaillait comme Directeur general de l'habitat au Benin.
Victor a été marié deux fois. Il a épousé Yulia Lopes Bastos[90] et Roseline Alapini[91].

90. YULIA LOPES BASTOS (Belle-sœur de Philibert).
Victor Kouassi Ananouh[89] a épousé Yulia Lopes Bastos. Ils ont eu un fils :
Edwin Ananouh[50]
91. ROSELINE ALAPINI (Belle-sœur de Philibert).
Victor Kouassi Ananouh[89] a épousé Roseline Alapini. Ils ont eu trois enfants :
Comlan Armand Roderick Ananouh[51]
Ronia Ananouh[52]
Robinia Ananouh[53]

92. BENOIT YAOVI ANANOUH (Demi-frère de Philibert) est né de Monsieur Ananouh[104] et de Mignonsin Zissi Ghanato Nouchet[102]. Benoit travaillait comme Agent a la SOBEMAP.
Benoit a été marié trois fois. Il a épousé Epouse 1 de Benoit Ananouh Inconnu[93], Epouse 2 de Benoit Ananouh Inconnu[94] et Epouse 3 de Benoit Ananouh Inconnu[95].
93. EPOUSE 1 DE BENOIT ANANOUH INCONNU (Belle-sœur de Philibert).
Benoit Yaovi Ananouh[92] a épousé Epouse 1 de Benoit Ananouh Inconnu. Ils ont eu une fille :
Lucrece Ananouh[54]
94. EPOUSE 2 DE BENOIT ANANOUH INCONNU (Belle-sœur de Philibert).
Benoit Yaovi Ananouh[92] a épousé Epouse 2 de Benoit Ananouh Inconnu. Ils ont eu une fille :
Soria Ananouh[55]
95. EPOUSE 3 DE BENOIT ANANOUH INCONNU (Belle-sœur de Philibert).
Benoit Yaovi Ananouh[92] a épousé Epouse 3 de Benoit Ananouh Inconnu. Ils ont eu deux enfants :
Jaures Ananouh[56]
Credo Ananouh[57]

96. ANTOINETTE ANANOUH (Demi-sœur de Philibert) est née de Monsieur Ananouh[104] et de Mignonsin Zissi Ghanato Nouchet[102].
97. MONSIEUR EGNANKOU (Beau-frère de Philibert). Il est décédé.
Monsieur Egnankou a épousé Antoinette Ananouh[96]. Ils ont eu trois enfants :
Ange Egnankou[58]
Christiane Egnankou[59]
Gertrude Egnankou[60]

98. THOMAS KOFFI ANANOUH (Demi-frère de Philibert) est né de Monsieur Ananouh[104] et de Mignonsin Zissi Ghanato Nouchet[102]. Thomas travaillait comme Directeur du controle general au conseil regional de l'epargne publique UEMOA.
Note : *Abidjan, Cote d'Ivoire.*
Thomas a engendré six enfants :
Lysias Ananouh[61]
Charles Mari Ananouh[62]
Davis Ananouh[63]
Marvin Ananouh[64]
Cynthia Ananouh[65]
Sedjro Ananouh[66]

99. ROSINE AKOUA ANANOUH (Demi-sœur de Philibert) est née de Monsieur Ananouh[104] et de Mignonsin Zissi Ghanato Nouchet[102].

100. MONSIEUR OWOLABI (Beau-frère de Philibert). Il est décédé.
    Monsieur Owolabi a épousé Rosine Akoua Ananouh[99]. Ils ont eu trois fils :
        Akim Bernadin Owolabi[67]
        Joseph Owolabi[68]
        Yannick Owolabi[69]

Génération des parents

101. TETE DIMIGOU (Père de Philibert). Il est décédé à Grand Popo.
    Tete a été marié deux fois. Il a épousé Mignonsin Zissi Ghanato Nouchet[102] et Femme 2 de Tete Inconnu[103].

102. MIGNONSIN ZISSI GHANATO NOUCHET (Mère de Philibert) est née en 1913, à Ouidah, de Nouchet Adougou[107], comme montré dans l'arbre 7. Mignonsin était Pretresse Vaudoun. Elle est décédée le 29 septembre 2015, à environ 102 ans, à Grand Popo.
    Mignonsin a été mariée deux fois. Elle a épousé Tete Dimigou[101] et Monsieur Ananouh[104].
        Tete Dimigou[101] a épousé Mignonsin Zissi Ghanato Nouchet. Ils ont eu cinq enfants :
        Philibert Ameyeovo Oviogbo Dimigou[70] né en 1947
        Beatrice Dede Dimigou[77]
        Etienne Tetegan Dimigou[79]
        Tazan Sylvanus Date Dimigou[82]
        Koko Elisabeth Dimigou[87]
    Cette famille est montrée dans l'arbre 6.

103. FEMME 2 DE TETE INCONNU (Femme du père de Philibert).
    Tete Dimigou[101] a épousé Femme 2 de Tete Inconnu. Ils ont eu deux enfants :
        Tata Dimigou[75]
        Dede soeur de Tata Dimigou[76]

104. MONSIEUR ANANOUH (Mari de la mère de Philibert). Il est décédé.
    Monsieur Ananouh a épousé Mignonsin Zissi Ghanato Nouchet[102]. Ils ont eu cinq enfants :
        Victor Kouassi Ananouh[89] né en 1966
        Benoit Yaovi Ananouh[92]
        Antoinette Ananouh[96]
        Thomas Koffi Ananouh[98]
        Rosine Akoua Ananouh[99]

105. DOSSOU FIOVE NOUCHET (Oncle de Philibert) est né de Nouchet Adougou[107], comme montré dans l'arbre 7.

106. VICTOR NOUCHET (Oncle de Philibert) est né de Nouchet Adougou[107], comme montré dans l'arbre 7. Victor travaillait comme Medecin a la retraite a Lome au Togo.

Génération des grands-parents

107. NOUCHET ADOUGOU (Grand-père de Philibert). Il est décédé.
    Nouchet a engendré trois enfants :
        Mignonsin Zissi Ghanato Nouchet[102] née en 1913
        Dossou Fiove Nouchet[105]
        Victor Nouchet[106]
    Cette famille est montrée dans l'arbre 7.

5. ARBRES GÉNÉALOGIQUES

Chaque arbre montre une famille sur quatre générations : les enfants, les parents, les grands-parents et les arrière grands-parents recensées d'un groupe de famille. Afin de réduire les redondances, toute famille qui est complètement incluse dans un autre arbre de famille ne sera pas traitée séparément.

La référence "..." au-dessus des arrière grands-parents, à gauche des grands-parents ou des parents ou en dessous des enfants se rapporte au numéro d'arbre de ces personnes (arbre qui comprend enfants, grands-parents et arrière grands-parents de ces personnes).

Dans les cas de mariages multiples, un numéro de référence précédé par "=" est montré à la droite des parents. Ce numéro référence l'arbre précédent et/ou prochain dans lequel cet individu est montré associé à une autre personne.

Dans les cas des enfants adoptés, le lien parental est montré avec un tiret et un numéro de référence précédé par "=" est montré dans la boîte de l'individu. Ce nombre référence l'arbre dans lequel cet individu est montré avec ses parents normaux.

1. MEDALI, Dallys-Tom Stalino et DIMIGOU, Mireille Philibertovna
2. DIMIGOU, Philibert Ameyeovo Oviogbo et SASSINA, Yulia Emmanuelovna
3. DIMIGOU, Philibert Ameyeovo Oviogbo et COCOU, Gisele
4. DIMIGOU, Philibert Ameyeovo Oviogbo et MOSHKINA, Gela Angelina Vladimirovna
5. DIMIGOU, Philibert Ameyeovo Oviogbo et AFIOME, Jeanne
6. DIMIGOU, Tete et NOUCHET, Mignonsin Zissi Ghanato
7. ADOUGOU, Nouchet

1. Dallys-Tom Stalino Medali et Mireille Philibertovna Dimigou

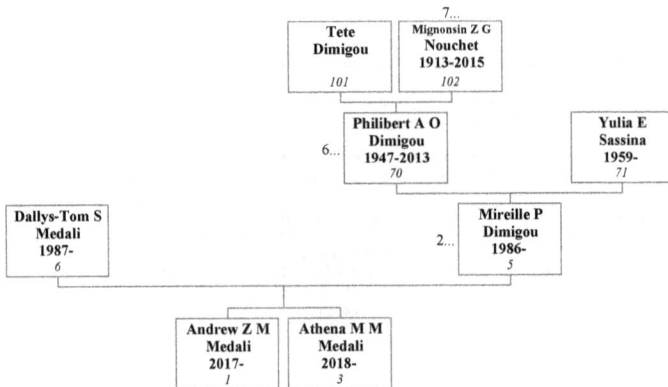

```
                              7...
        ┌──────────┬─────────────────┐
        │   Tete   │  Mignonsin Z G  │
        │ Dimigou  │     Nouchet     │
        │          │    1913-2015    │
        │   101    │       102       │
        └──────────┴─────────────────┘
                    ┌──────────────┐              ┌──────────┐
                    │ Philibert A O│              │ Yulia E  │
                    │   Dimigou    │              │ Sassina  │
                 6..│  1947-2013   │              │  1959-   │
                    │     70       │              │   71     │
                    └──────────────┘              └──────────┘
  ┌──────────────┐                          ┌──────────────┐
  │ Dallys-Tom S │                          │  Mireille P  │
  │    Medali    │                       2..│   Dimigou    │
  │    1987-     │                          │    1986-     │
  │      6       │                          │      5       │
  └──────────────┘                          └──────────────┘
            ┌──────────────┬──────────────┐
            │  Andrew Z M  │  Athena M M  │
            │    Medali    │    Medali    │
            │    2017-     │    2018-     │
            │      1       │      3       │
            └──────────────┴──────────────┘
```

2. Philibert Ameyeovo Oviogbo Dimigou et Yulia Emmanuelovna Sassina

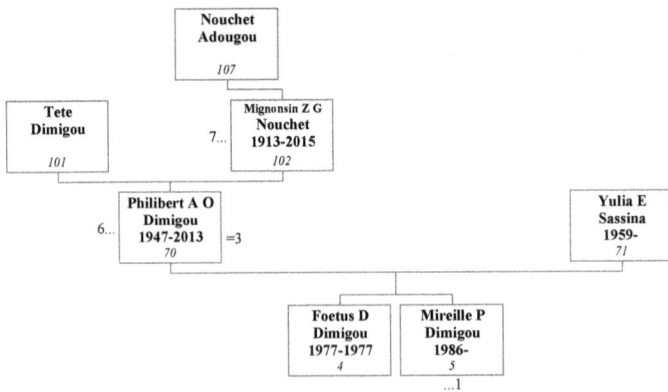

```
              ┌──────────────┐
              │   Nouchet    │
              │   Adougou    │
              │     107      │
              └──────────────┘
  ┌──────────┐      ┌─────────────────┐
  │   Tete   │      │  Mignonsin Z G  │
  │ Dimigou  │   7..│     Nouchet     │
  │   101    │      │    1913-2015    │
  └──────────┘      │       102       │
                    └─────────────────┘
        ┌──────────────┐                              ┌──────────┐
        │ Philibert A O│                              │ Yulia E  │
     6..│   Dimigou    │                              │ Sassina  │
        │  1947-2013   │=3                            │  1959-   │
        │     70       │                              │   71     │
        └──────────────┘                              └──────────┘
                  ┌──────────────┬──────────────┐
                  │   Foetus D   │  Mireille P  │
                  │   Dimigou    │   Dimigou    │
                  │  1977-1977   │    1986-     │
                  │      4       │      5       │
                  └──────────────┴──────────────┘
                              ...1
```

3. Philibert Ameyeovo Oviogbo Dimigou et Gisele Cocou

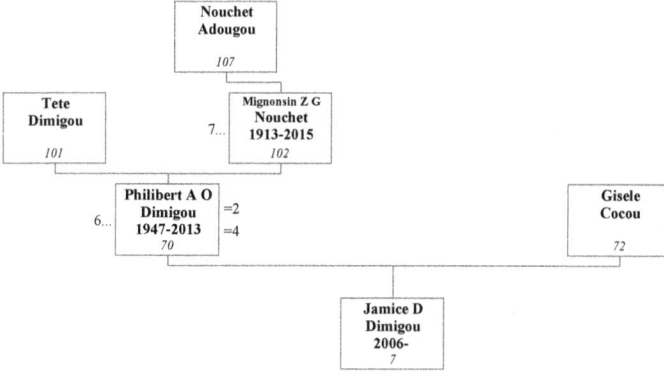

```
                    Nouchet
                    Adougou

                      107

  Tete                Mignonsin Z G
  Dimigou         7...  Nouchet
                       1913-2015
  101                   102

         Philibert A O                                    Gisele
     6... Dimigou    =2                                   Cocou
         1947-2013   =4
         70                                               72

                       Jamice D
                       Dimigou
                       2006-
                         7
```

4. Philibert Ameyeovo Oviogbo Dimigou et Gela Angelina Vladimirovna Moshkina

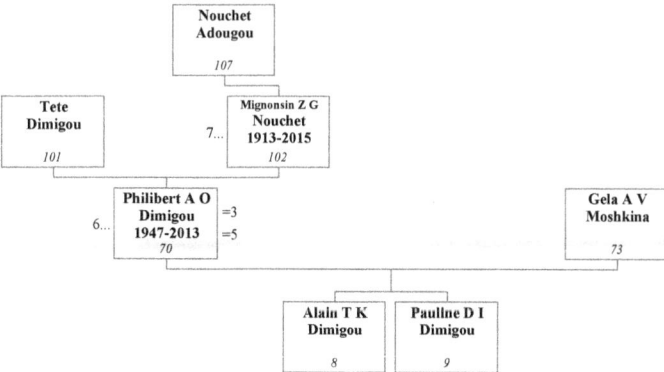

```
                    Nouchet
                    Adougou

                      107

  Tete                Mignonsin Z G
  Dimigou         7...  Nouchet
                       1913-2015
  101                   102

         Philibert A O                                    Gela A V
     6... Dimigou    =3                                   Moshkina
         1947-2013   =5
         70                                               73

             Alain T K        Pauline D I
             Dimigou          Dimigou

                8                9
```

Page 13

5. Philibert Ameyeovo Oviogbo Dimigou et Jeanne Afiome

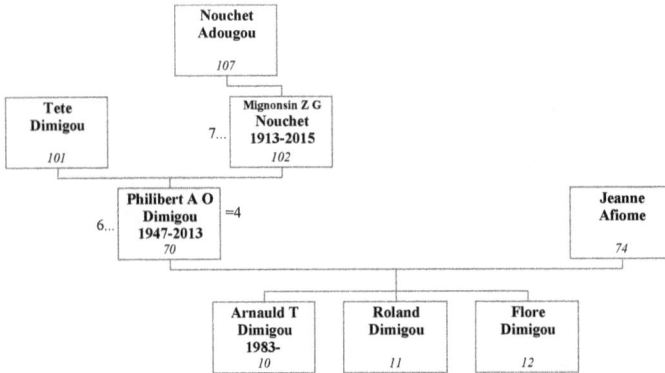

```
                    Nouchet
                    Adougou
                      107

   Tete            Mignonsin Z G
  Dimigou       7... Nouchet
                    1913-2015
    101               102

          Philibert A O
       6... Dimigou   =4                          Jeanne
          1947-2013                               Afiome
             70                                     74

            Arnauld T      Roland        Flore
            Dimigou        Dimigou       Dimigou
             1983-
              10            11            12
```

6. Tete Dimigou et Mignonsin Zissi Ghanato Nouchet

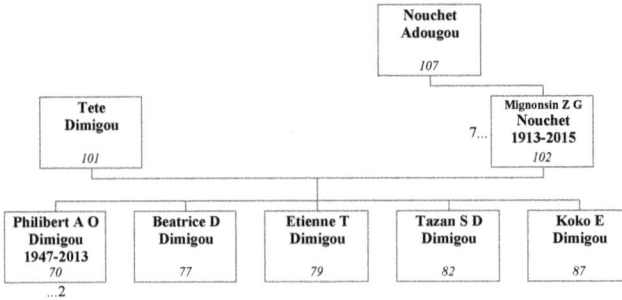

```
                          Nouchet
                          Adougou
                            107

        Tete                          Mignonsin Z G
       Dimigou                     7... Nouchet
                                      1913-2015
         101                            102

  Philibert A O    Beatrice D    Etienne T    Tazan S D    Koko E
    Dimigou        Dimigou       Dimigou      Dimigou      Dimigou
   1947-2013
      70            77            79            82           87
     ...2
```

7. Nouchet Adougou

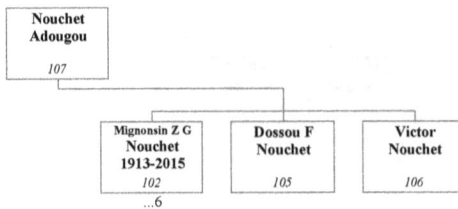

```
     Nouchet
     Adougou
       107

   Mignonsin Z G    Dossou F      Victor
     Nouchet        Nouchet       Nouchet
    1913-2015
      102            105           106
     ...6
```

Page 14

7. INDEX DES DATES

1913
Naissance de Mignonsin Zissi Ghanato Nouchet[102] à Ouidah.
1947
Naissance de Philibert Ameyeovo Oviogbo Dimigou[70] à Gliji, Togo.
1959
Naissance de Yulia Emmanuelovna Sassina[71] le 18 janvier, à Saint Petersburg, Saint Petersburg, Russia.
1966
Naissance de Victor Kouassi Ananouh[89].
1977
Décès de Foetus de 6 mois perdu avant naissance Dimigou[4] à St Petersbourg, Russia.
Naissance de Foetus de 6 mois perdu avant naissance Dimigou[4].
1983
Naissance de Arnauld Tété Dimigou[10].
1986
Naissance de Mireille Philibertovna Dimigou[5] le 9 juillet, à Saint Petersburg, Russia.
1987
Naissance de Dallys-Tom Stalino Medali[6] le 1er mai.
2006
Naissance de Jamice Dédé Dimigou[7] le 23 janvier.
2013
Décès de Philibert Ameyeovo Oviogbo Dimigou[70] le 17 septembre, à Cotonou, Littoral, Benin.
2015
Décès de Mignonsin Zissi Ghanato Nouchet[102] le 29 septembre, à Grand Popo.
2016
Mariage de Dallys-Tom Stalino Medali[6] et Mireille Philibertovna Dimigou[5] le 12 avril, à Moscou, Russie.
2017
Naissance de Andrew Zeus Miraldo Medali[1] le 25 janvier, à New York, USA.
Naissance de Olympia Alexis Ohanian[2] le 1er septembre, à West Palm Beach, Florida, USA.
2018
Naissance de Athena Marylys Miraldita Medali[3] le 29 août, à New York, USA.

Années non spécifiées
Naissance de Pauline Dédé Isabelle Dimigou[9] le 17 septembre.
Naissance de Gela Angelina Vladimirovna Moshkina[73] le 11 octobre.

8. INDEX DES INDIVIDUS

Livres du même auteur, déjà publiés

1. Légendes Inédites d'Afrique
2. 1000 Héros Africains
3. Le Manuel du Milliardaire
4. 10 Règles du Succès
5. Essais sur le Bénin
6. Poisonous Snakes in the Republic of Benin
7. Red Blue and Green (art book)
8. Black and White (art book)
9. Nude and Alive (art book)
10. 30 years of Painting and Drawing
11. Perles et Pensées
12. Coming Back
13. Belles Poésies de Cœur et de Corps
14. L'Evangile Pratique
15. La Bible Essentielle

Dans la même série «The House of Dallys» sur l'Histoire et la Généalogie au Bénin et dans le monde

Contacts

Si vous avez des informations additionnelles, des archives, documents historiques, livres ou des corrections à proposer, écrivez-nous!

par voie postale à 04 BP 0143 Cotonou Benin

ou par email à dallys@livres.us

Ecrivez-nous aussi

Si vous voulez commander d'autres copies du livre,

Si vous avez besoin de votre généalogie personnelle

Si vous avez besoin de conseils sur les démarches à suivre pour explorer l'histoire et la généalogie de votre famille,

Ou si vous avez simplement trouvé le livre très utile et instructif.

www.livres.us

www.benindufutur.org

www.briquemagique.com

www.conseil.us

www.dallystom.com

www.heroafricain.com

www.milliardaire.org

ISBN 978-1-947838-34-5

www.ingramcontent.com/pod-product-compliance
Lightning Source LLC
Chambersburg PA
CBHW031523270326
41930CB00006B/505